SOUVENIRS MILITAIRES

DU

GÉNÉRAL Cte DE LORENCEZ

PUBLIÉS

Par le Baron Pierre DE BOURGOING

PARIS

LIBRAIRIE ÉMILE-PAUL, ÉDITEUR

100, Faubourg-Saint-Honoré, 100.

—

1902

SOUVENIRS MILITAIRES

DU

GÉNÉRAL C^{TE} DE LORENCEZ

SOUVENIRS MILITAIRES

DU

GÉNÉRAL Cᵀᴱ DE LORENCEZ

PUBLIÉS

Par le Baron Pierre DE BOURGOING

———— ⚬⚬⚬ ————

PARIS

Lɪʙʀᴀɪʀɪᴇ ÉMILE-PAUL, Éᴅɪᴛᴇᴜʀ

100, Faubourg-Saint-Honoré, 100.

1902

Le général DE LORENCEZ, par PILS.
(Portrait appartenant à M. le comte de Lorencez.)

Le Général de division Comte de Lorencez

Les Béarnais, qui s'honorent d'avoir pour compatriotes Gassion, Bernadotte, Bourbaki, Bosquet, doivent compter aussi, comme un des leurs, Guillaume Latrille de Lorencez, né à Pau le 21 avril 1772, comte de l'Empire, général de division, chef d'état-major et gendre (1) du maréchal Oudinot.

Le général de Lorencez a laissé un manuscrit (2) auquel il aurait pu donner le titre de *Mémoires* ou de *Souvenirs* ; il a préféré celui d'*Etat raisonné de mes services*, plus modeste, mieux approprié à ces pages où l'auteur s'attache à l'esprit des opérations militaires plutôt qu'à leur description littérale.

Soldat précis, exact, méticuleux, il écrivit surtout pour les hommes du métier.

« Si j'ai gardé le silence, nous dit-il, relativement aux armées qui agirent en Hollande, en Espagne, en Allemagne, il me sera facile de le justifier ; car, puisqu'il m'est arrivé quelquefois de me défier de ma mémoire et de craindre de manquer d'exactitude sur des événements qui se sont passés sous mes yeux, on conviendra, sans doute, qu'il y aurait eu moins de présomption que de folie à prétendre prononcer sur ceux qui ont eu lieu loin de moi. Je craindrais aussi de défigurer les traits du Génie, car pour peindre dignement Alexandre, il faudrait le pinceau d'Apelle. »

Cette défiance de lui-même est donc la raison pour laquelle nous trouverons de regrettables lacunes dans le récit d'une carrière militaire si bien remplie.

Le général passe, en effet, sous silence les campagnes de l'an VIII et de l'an IX en Batavie : il n'aborde celle de 1805 qu'à partir d'Austerlitz ; il ne parle pas de son séjour en Espagne, en 1810 et 1811, où, sous les ordres de Suchet, il participa aux sièges de Tortose et de Tarragone. Il ne laisse que quelques lignes sur la campagne de 1813, et pourtant « ses marches et contremarches eurent l'approbation du maître ».

Le général de Lorencez ne visait pas à la célébrité. Il jeta sur le papier, sans prétention aucune, le récit des événements auxquels il assista ; il n'écrivit pas pour les survivants de la Grande Armée, mais pour les générations à venir.

---

(1) Le général de Lorencez épousa, le 21 septembre 1811, Caroline-Nicolette Oudinot de Reggio, fille du maréchal et de Françoise Derlin.

(2) Nous devons à l'amabilité du comte de Lorencez, petit-fils du général, la communication de ce manuscrit.

C'est avec les mémoires privés que se construit la grande histoire. Il apporta sa pierre à l'édifice, rien de plus.

Si le lecteur trouve que l'auteur de ces pages laisse percer, parfois, un jugement trop sévère à l'égard de ses compagnons de gloire, qu'il ne prenne pas ce sentiment pour celui de la jalousie.

« Etranger à tous les ressentiments contemporains, déclare Lorencez, également exempt de haine, de crainte, de prétentions ambitieuses, je crois être dans cette disposition morale qui ne laisse aucune prise aux préoccupations injustes. J'écrirai comme si je vivais dans un autre siècle.

« Celui-ci m'accusera d'adulations, cet autre d'injustice ; mais, lorsque la tombe se sera fermée sur la génération vivante et lorsque, dans le silence des passions qui l'agitent, la vérité pourra se faire entendre, mon écrit — s'il m'était permis de penser qu'il parvînt jusque-là — sera honoré de son sceau approbateur. »

Le général de Lorencez était de taille moyenne, large d'épaules. Jusqu'à la fin de sa vie, il conserva la mode du premier Empire, portant les favoris et pas de moustaches. Ses cheveux étaient noirs, touffus, frisant naturellement ; ses yeux étaient noirs aussi, petits mais très vifs.

Il avait conservé de son pays d'origine un franc-parler et une vivacité toute méridionale qui, peut-être, froissaient parfois, car il imposait l'autorité de sa parole ; mais il était incapable de rancune et conserva jusqu'au dernier jour de véritables amis.

Baron Pierre DE BOURGOING.

ÉTAT RAISONNÉ DE MES SERVICES

ARMÉES DES PYRÉNÉES.

J'achevais, en 1791, mes études chez les Capucins de Pau, où j'avais été élevé, étant resté orphelin dès mon enfance, et n'ayant qu'une seule parente, Marie Lacrampe, veuve d'un conseiller au Parlement, lorsqu'une nuit je franchis les murs du couvent, pour rejoindre à la frontière le bataillon des Volontaires des Basses-Pyrénées, qui entrait en campagne. Enflammé par les exhortations et les conseils de mon ami, et quelque peu cousin, Bernadotte (1), je renonçais à mes chères études, à mes goûts très prononcés pour les lettres, afin de courir à la défense du sol, de la liberté de la Patrie.

Notre bataillon occupait la citadelle de Saint-Jean-Pied-de-Port, lorsque la guerre fut déclarée à l'Espagne. On le fit sortir

---

(1) BERNADOTTE (Jean), fils de Henri et de Jeanne de Saint-Jean, né à Pau, le 26 avril 1763.

de cette place et prendre position sur la montagne appelée Blanc-Pignon ou Château-Pignon, où subsistaient encore quelques vestiges d'un fort qu'Henri d'Albret avait pris aux Espagnols en 1521 ; réunis au 8ᵉ bataillon de la Gironde et à quelques compagnies franches, nous formâmes un camp dont la droite s'appuyait aux ruines. Notre séjour ne fut pas de longue durée, car le général Caro (1) entreprit, le 6 juin 1793, de nous déloger de nos positions et il y parvint sans beaucoup de peine.

Notre petite troupe voyait le feu pour la première fois ; les officiers n'étaient pas moins novices que les soldats ; aussi, pour mon coup d'essai, je fus témoin d'une déroute. Je reçus, à cette première affaire, une balle qui, par bonheur, me frappa d'écharpe au-dessous du sein droit. J'avais vingt ans alors, et j'étais trop fier de mon coup de fusil pour songer à la défaite.

Les Espagnols ne jugèrent pas à propos de profiter de notre terreur et ne poussèrent pas plus loin leurs avantages.

Le général La Gennetière (2), qui était accouru à la hâte, de

---

(1) Caro (Don Ventura) naquit à Valence, en 1742 ; il se distingua, en 1781, aux sièges de Mahon et de Port-Saint-Philippe, sous les ordres du duc de Crillon dont il était l'aide de camp. En 1801, il fut nommé capitaine général de Valence ; l'autorité qu'il avait conservée sur la population de cette province lui permit de protéger, en 1808, les Français contre la fureur des Espagnols. Il repoussa l'attaque du général Suchet contre Valence.

(2) Lamoureux de la Gennetière, général de division, mourut à la Guadeloupe, comme gouverneur de Cayenne, le 10 thermidor an IV. Il s'était engagé, le 18 août 1789, au bataillon des Pères de Nazareth, section armée du Temple, et, le 12 octobre 1792, il était nommé maréchal de camp ; après le combat de Blanc-Pignon, il resta près de deux ans prisonnier en Espagne. Ses services militaires, avant la Révolution, nous sont fournis par la lettre suivante, qu'il écrivait au maréchal de Ségur, ministre et secrétaire d'État de la Guerre :

« Pierre-François Lamoureux de la Gennetière, né le 25 septembre 1740, en la ville de Givet, en Hainault, est entré au service, en qualité d'enseigne, au régiment d'infanterie de Condé, le 12 avril 1759 ; s'est trouvé à la bataille de Minden ; a eu cinq balles dans ses habits, une contusion à la poitrine ; fit la retraite à la compagnie de grenadiers, à la place du sous-lieutenant qui fut tué le jour de l'affaire. Lieutenant au même régiment, le 13 mars 1760, il s'est trouvé à toutes les batailles ou sièges que le régiment a essuyés pendant le reste de la campagne.

« En 1765, au camp de Compiègne, il fit, seul, le maniement des armes devant S. A. S. Monseigneur le prince de Condé et M. le duc de Choiseul, qui lui accorda une gratification de 600 livres. Le 13 mars 1766, Monseigneur le prince de Condé le choisit pour entrer dans sa légion, qui fut réformée en 1776. Il fut attaché au régiment de Vivarais en 1777. Capitaine le 28 aoust de la même année, attaché au régiment de Gâtinois avec une promesse d'une lieutenance-colonel dans l'un des régiments des colonies, maintenant capitaine attaché au régiment des chasseurs à cheval des Cévennes, par lettre du 1ᵉʳ avril 1779, et par son brevet de pension

Saint-Jean-Pied-de-Port, fut fait prisonnier en cherchant à rallier les fuyards.

Le reste de la campagne se borna à une défensive pénible et à quelques rencontres sans conséquence.

Vers la fin de septembre, les 1er et 2e bataillons des Basses-Pyrénées furent amalgamés au 1er bataillon du régiment de Cambrésis (1), et ce corps, ainsi formé, prit le nom de 39e demi-brigade ; celle-ci devint la 4e en Italie, où elle conquit une brillante réputation.

Peu de temps après sa formation, la 39e reçut l'ordre de passer à l'armée des Pyrénées-Orientales. Cette armée, lorsque nous la rejoignîmes, était découragée par plusieurs échecs ; elle campait sous les murs de Perpignan, dans une position assez bien choisie, mais qu'un ennemi entreprenant pouvait forcer sans grande peine.

Nos frontières du Nord étaient l'objet de toutes les sollicitudes du Gouvernement, et, tandis que la nation dirigeait tous ses efforts vers cette partie de la France, le Midi restait abandonné à ses propres forces. A peine, jusqu'alors, avait-on daigné s'informer s'il existait, en Europe, une puissance appelée l'Espagne.

Le noyau de l'armée des Pyrénées-Orientales fut formé de deux ou trois bataillons de l'ancienne monarchie et de quelques bataillons de volontaires à peine organisés. Dans les occasions urgentes, on la recrutait au moyen de levées en masse exécutées dans les départements voisins.

Les Espagnols possédaient une armée régulière, une bonne cavalerie, une nombreuse artillerie et un général habile, Ricardos (2). Ils obtinrent des succès faciles ; pendant la première

---

du 1er février 1781. Il vous supplie, Monseigneur, de lui accorder la croix de l'ordre royal et militaire de Saint-Louis. Ruiné, ayant eu quatorze enfants, il est protégé par la duchesse de Gramont. » (Arch. adm. Min. de la Guerre.)

Il ne fut pas fait droit à cette demande, et La Gennetière quitta l'armée pour se lancer dans des spéculations ; à bout de ressources, il prit du service sous la Révolution, afin d'assurer au moins son pain quotidien.

(1) Cambrésis avait pour colonel DUPRAT (Hyacinthe-Roger), nommé le 14 janvier 1793. Le 2e bataillon de ce régiment fut versé, le 23 octobre 1793, dans la 40e demi-brigade.

(2) RICARDOS CARILLO (Antonio, comte de) naquit à Séville, en 1727, et mourut en 1794. Sa bravoure à la bataille de Plaisance (1746) lui valut le grade de colonel ;

campagne, ils s'emparèrent de Collioure, Port-Vendres, Belle-garde, Fort-des-Bains, Pratz-de-Mollo, et ils allaient investir Perpignan qui, plus mal pourvu encore que les places de première ligne, ne pouvait leur opposer qu'une faible résistance, lorsqu'une levée des départements méridionaux vint se joindre aux débris de notre armée. L'ennemi fut attaqué dans son camp de Rivesaltes, et l'impétuosité française, favorisée par les ténèbres, fit des prodiges. La déroute des Espagnols fut complète ; ils ne se rallièrent que derrière le Tech ; leur camp, abondamment pourvu, devint la proie des vainqueurs qui, incapables de poursuivre leurs succès, ne surent pas profiter de cette victoire.

Enfin, après la prise de Toulon, le Gouvernement se décida à envoyer sur les Pyrénées une partie des troupes du siège, et, ce qui valait mieux encore, le général Dugommier (1), qui, malgré ses cheveux blancs, conservait toute l'ardeur d'un jeune homme. 6,000 hommes furent détachés de l'armée des Pyrénées-Orientales et placés sous son commandement.

A son arrivée, Dugommier trouva l'armée dans une situation déplorable ; l'indiscipline y était à son comble ; des troupes campaient confusément sur les hauteurs dominant Perpignan : les

---

il n'avait que dix-neuf ans. Il prit part à l'expédition dirigée contre Alger en 1775. Appelé à Madrid pour travailler à un nouveau plan de campagne, il mourut subitement, empoisonné, prétendit-on, par une tasse de chocolat destinée à Godoï.

(1) Jacques COQUILLE, dit DUGOMMIER, né le 1ᵉʳ août 1738, à la Basse-Terre (Guadeloupe), après avoir servi dans les troupes des colonies, de 1753 à 1782, fut envoyé à Paris en 1791, comme député extraordinaire des îles du Levant, auprès de l'Assemblée législative.

Général de brigade le 10 octobre 1792, général de division le 3 novembre 1793, un décret de la Convention nationale lui conféra, le même jour, le commandement de l'armée sous Toulon ; le 28 décembre suivant, il fut nommé général en chef de l'armée des Pyrénées-Orientales.

Au moment de la mort du général, deux de ses fils servaient avec lui à l'armée. L'un, Jacques-François-Germain Dugommier, dit Dangemont, adjudant général chef de brigade ; l'autre, Jacques-François Dugommier, dit Chevrigny.

Le premier fut admis au traitement de réforme de son grade, le 16 septembre 1800 ; on ignore ce qu'il est devenu.

Le second mourut prisonnier de guerre à Saint-Pétersbourg, au commencement de 1813.

Un troisième fils, Désiré Dugommier, fut retraité le 26 juin 1838, en qualité de capitaine. Dugommier avait un fils aîné dont on ne peut retrouver les prénoms, et qui était prisonnier de guerre en Angleterre, au mois de fructidor an III. Son échange fut prescrit par la loi du 12 fructidor de la même année, qui accordait à la veuve de Dugommier, née Marie-Dieudonnée-Coudroy Beauté, une pension de 3,000 livres et des pensions de 1,500 livres à chacune de ses deux filles. (Arch. hist. Min. de la Guerre)

tentes, plantées au hasard, sans front de bandière, sans intervalles réguliers, présentaient à l'œil le spectacle du désordre bizarre d'un camp d'Arabes. Les soldats, rebutés par de fréquents échecs et par l'effet même de leur licence, étaient devenus presque aussi lâches qu'ils étaient peu subordonnés : il n'était pas rare d'en voir briser leurs armes, afin d'avoir un prétexte pour ne pas se présenter au combat.

La présence des officiers aurait pu les contenir ; mais les officiers, encore plus répréhensibles que leurs hommes, n'exerçaient aucune surveillance ; ils se dispensaient même de coucher au camp, et cette habitude était si invétérée que les représentants du peuple furent obligés de décréter la peine de mort contre quiconque ne témoignerait pas de son assiduité dans le service.

Les grandes routes, les environs du camp étaient jonchés de chevaux, de mulets morts d'inanition, qu'on ne se donnait même pas la peine de recouvrir d'un peu de terre et dont les cadavres putréfiés répandaient au loin une odeur insupportable. Une malpropreté dégoûtante régnait, d'ailleurs, dans ce rassemblement de malheureux soldats, livrés à eux-mêmes, que la chaleur du climat, les excès de l'intempérance conduisaient en foule dans les hôpitaux où ils périssaient presque tous, faute de soins.

Dugommier, que ce triste spectacle ne découragea pas, entreprit la tâche difficile de remédier à tant de désordres.

Pour éviter les dangers et la contagion de l'exemple, il isola d'abord les troupes nouvellement arrivées, puis il s'assura le concours de ses lieutenants. Ses règlements inspiraient la sagesse et il fut vivement secondé, dans leur exécution, par les généraux Pérignon, Sauret, Augereau (1).

---

(1) SAURET (Pierre, baron), général de division, naquit à Gannat (Allier), le 23 mars 1742, et mourut dans cette ville le 18 juin 1818.

Entré au régiment de Guyenne le 14 septembre 1756, lieutenant de grenadiers au régiment de Champagne en 1789, il était nommé général de brigade le 4 octobre 1793, et général de division le 3 nivôse an II. Il fut admis à la retraite en l'an VIII. Sauret avait été blessé d'un coup de sabre à la tête à la bataille de Rosbach.

AUGEREAU (duc de Castiglione), maréchal d'Empire. — Son acte de naissance porte AUGEREC.

Extrait du registre des baptêmes, mariages et sépultures de la paroisse de Saint-Médard, à Paris :

« L'an mil sept cent cinquante-sept, le vingt-un octobre, a été baptisé par

Ce dernier, sévère observateur de la discipline, introduisit rapidement le bon ordre dans les troupes qui lui étaient confiées.

La plaine de Foulonges (1) se couvrit rapidement de camps où la propreté le disputait à la régularité. Des armes brillantes, bien entretenues, disposées en faisceaux, offraient un coup d'œil magnifique. Les demi-brigades, rangées en bataille au premier coup de la diane, étaient exercées journellement pendant plusieurs heures ; après un repos suivi d'un premier repas, elles étaient conduites au travail, elles élevaient des retranchements, peu nécessaires contre les Espagnols, mais utiles contre le seul ennemi à redouter : l'oisiveté. Souvent, dans le silence des nuits, un cri se faisait entendre : « Aux armes ! » Alors, chaque soldat prenait son rang sans confusion et chaque chef se portait avec promptitude au poste qui lui avait été assigné d'avance. Quelquefois le général ordonnait des marches de nuit et allait répandre l'alarme dans le camp ennemi.

Pendant la période du désordre, la troupe s'était tellement familiarisée avec la prison, les corvées et les autres punitions ordinaires, qu'Augereau avait cru devoir en employer une d'un autre genre : on planta, dans les endroits les plus apparents du camp, des poteaux auxquels les soldats punis furent attachés ; on les laissait exposés, plusieurs heures, à la risée de leurs camarades. Cette innovation eut le plus grand succès, car le Français, qui est capable de braver tous les châtiments, ne peut supporter la honte ou le ridicule.

Dans toutes les divisions, l'armée prit bientôt un aspect nouveau, et Dugommier, commençant à avoir, dans ses troupes, la confiance qu'il avait su leur inspirer lui-même, osa prendre une attitude plus hardie. Il alla camper sous les yeux des Espagnols.

Ceux-ci, maîtres de tous les débouchés par l'occupation de Bellegarde, Collioure, Pratz-de-Mollo, s'étaient formidablement retranchés sur la rive droite du Tech, à l'endroit même où campait Annibal, lorsque les Gaulois se présentèrent devant lui

---

nous, vicaire soussigné, Charles-Pierre-François, fils de Pierre Augereu et de Marie-Joseph Kresline, son épouse, né de ce jour, rue Mouffetard ; le parrein, Charles-Louis Gaissaint, aide-maçon, paroisse Saint-Sulpice ; la marreine, Anne-Françoise-Charlotte Remoy, fille, susdite paroisse, soussignés à la minute avec Cussac, vicaire. » (Arch. adm. Min. de la Guerre.)

(1) Bourg situé à 2 lieues de Perpignan.

pour s'opposer à son passage; Dugommier crut pouvoir les déloger de leurs positions.

Il commença par faire des démonstrations au loin sur sa droite; puis il ouvrit des communications vers les montagnes, dans le voisinage d'Oms, où il envoya quelques troupes et enfin la division d'Augereau tout entière, en sorte que l'ennemi se persuada qu'on voulait envelopper sa gauche et commit la faute de dégarnir son centre afin de secourir le point que nous semblions menacer; les forces qu'il y réunit devinrent si considérables qu'il prit enfin l'offensive. C'était ce que Dugommier attendait : il ordonna une attaque générale et dirigea son principal effort sur le centre des Espagnols.

BATAILLE DU TECH, OU PRISE DU CAMP DU BOULOU.

(12 floréal an II, 1ᵉʳ mai 1794.)

Le comte de la Union (1) voulut réparer sa bévue, mais il était trop tard. Sa ligne était rompue et il dut fuir, profitant de la nuit pour repasser les Pyrénées par les cols de Perthuis et de Portheil. La droite de l'armée espagnole, que commandait le général Navarro, s'enferma dans Collioure et Port-Vendres; toute l'artillerie, les bagages, un matériel immense devinrent la proie des vainqueurs.

Le lendemain, la division Augereau arriva devant Pratz-de-Mollo qu'elle trouva évacué; elle revint sur ses pas et, pénétrant en Catalogne, elle s'établit en observation sur la Muga. La division Pérignon bloqua Bellegarde, et la division Sauret fut employée au siège de Collioure; une quatrième, sous les ordres du général Dagobert, devait agir dans la Cerdagne espagnole; elle ne s'éleva pas au-dessus de son rôle qui était, du reste, fort secondaire.

La 39ᵉ demi-brigade faisait partie de la division Augereau, qui eut, sans contredit, la part la plus active dans cette campagne.

Les Espagnols attachaient, non sans raison, une très grande importance à la levée du blocus de Bellegarde, et comme, pour

---

(1) UNION (Don Luis Firmin de Carvajal y Vergas, comte de); né à Lima en 1752, tué à la bataille de Figuières, le 20 novembre 1794 (30 brumaire an III).

y parvenir, il fallait d'abord enlever notre division, ce fut contre
elle qu'ils dirigèrent tous leurs efforts. Ils l'attaquèrent, parfois,
avec des forces tellement supérieures qu'elle aurait dû succomber ; elle triompha pourtant toujours, grâce à l'énergie d'Augereau qui, nouveau dans cette armée, encourageait ses troupes
par sa présence à la plus petite affaire d'avant-poste.

Le 30 floréal, les Espagnols firent une sérieuse tentative
contre la fonderie de Saint-Sébastien : ils étaient parvenus à se
rendre maîtres de la montagne de la Magdeleine, qui domine
toute cette vallée, et ils s'étendaient déjà pour nous envelopper,
lorsqu'une colonne de chasseurs, les attaquant de flanc, les
rompit. Tout ce qui avait dépassé nos positions fut fait prisonnier ; presque tous les officiers des gardes wallones et M. le maréchal de camp de Saint-Maurin restèrent entre nos mains.

Collioure, Port-Vendres étaient en notre pouvoir, mais le fort
de Bellegarde résistait encore ; il finit par capituler à la suite
d'une tentative infructueuse des Espagnols pour le débloquer.

COMBAT DE LA MUGA.

(26 thermidor an II, 13 août 1794.)

Leur attaque commença le 26 thermidor, à la pointe du jour.
Nos postes, accablés par le nombre, furent d'abord contraints
de plier : Augereau, profitant de tous les accidents du terrain,
laissa l'ennemi s'engager dans un défilé, l'y contint, repoussa
deux attaques dirigées, l'une sur son flanc droit, l'autre sur ses
derrières, et prit ensuite l'offensive par sa gauche. Les Espagnols
ne songèrent alors qu'à la retraite et l'exécutèrent en bon ordre,
laissant 3,000 morts sur le champ de bataille ; la division Augereau ne comptait que 7,000 hommes. Le combat avait duré seize
heures.

Dugommier put enfin s'éloigner du pied des montagnes et
s'avancer en Espagne.

BATAILLE DE LA MAGDELEINE OU DE LA MONTAGNE NOIRE.

(27 brumaire an III, 17 novembre 1794.)

La ligne occupée par les Espagnols était redoutable. Par sa
gauche, elle s'appuyait à des hauteurs d'un accès difficile, en

avant de Figuières, forteresse de premier ordre ; elle traversait le bassin du Lampourdan et aboutissait, par son extrême droite, à la place de Rosas ; enfin, comme si un tel point d'appui n'eût pas suffi, une escadre anglaise, mouillée dans la rade, protégeait encore ce flanc. Toute cette étendue était couverte de redoutes, armées d'une artillerie nombreuse ; en arrière, sur les hauteurs de Llers, on avait construit un camp, prodige de travail, retranché à la romaine sur toutes ses faces, et assez spacieux pour contenir l'armée en cas de revers.

Pour attaquer un ennemi dans une position aussi avantageuse, le général en chef résolut d'opérer par la droite, et de refuser le centre et la gauche ou de ne les engager qu'autant que cela serait nécessaire, afin d'opérer une diversion.

La division Augereau reçut l'ordre de se porter, par une marche de nuit, sur le flanc de la division Courten, qui lui était opposée, composée des régiments suisses, irlandais, des gardes wallones. Cette division était établie sur la croupe d'une montagne appelée la Magdeleine ; son front était couvert par la Muga, rivière peu considérable, mais dont les bords étaient fort escarpés. Augereau, un peu embarrassé pour trouver des guides capables de conduire sa colonne dans ces chemins inconnus qu'il devait suivre afin de dérober sa marche, envoya chercher le commandant de la 39ᵉ, Bellet (1), militaire de la plus grande espérance, tué depuis, un drapeau à la main, à l'attaque du camp retranché de Céva.

« N'avez-vous pas, dans votre corps, quelques maraudeurs déterminés ? lui dit-il.

— Je ne pense pas, général, » répondit Bellet, qui s'attendait à des reproches.

Mais Augereau ayant expliqué ses intentions, notre chef lui amena trois gaillards bien dégourdis.

« Connaissez-vous un chemin par lequel on puisse arriver sur la rivière sans rencontrer les avant-postes espagnols ? — Oui, général. — Croyez-vous qu'on puisse, sans brûler une amorce, enlever le poste qui se trouve sur le pont ? — Sans la

---

(1) BELLET (Jean-Pierre), naquit à Pau, le 27 novembre 1757, et fut tué le 27 germinal an IV (16 avril 1796). Sa veuve, née Lacassagne, reçut du Directoire exécutif une pension de 200 francs.

moindre difficulté. — Vous en chargeriez-vous? — Très volontiers. — Savez-vous l'espagnol? — Assez pour répondre à la sentinelle. — C'est bien. »

Les trois hommes guidèrent la colonne et tinrent parole. Le mouvement s'opéra la nuit, les soldats se laissant glisser, assis, du haut des rochers, jusqu'au bord de la rivière. On découvrit un passage; on égorgea quelques postes; on monta en silence et, à la pointe du jour, la colonne atteignait le sommet de la Magdeleine, qui prenait à revers et dominait toute la position ennemie.

Augereau attaqua aussitôt avec la vigueur qui lui était propre. En même temps, le général Guieu (1), qui était resté au camp de Darnious avec toute l'artillerie, commençait un feu bien nourri; enfin, la brigade du général Davin (2), qui avait quitté, la veille, sa position en avant de Saint-Laurent de Cerda, et passé entre les Espagnols et Saint-Laurent de la Muga, en contournant la Magdeleine, arrivait au village de Ferrades, seul point par où M. de Courten pouvait se retirer en conservant son ordre de bataille.

Ses troupes prirent peur et abandonnèrent leur camp; elles se rallièrent avec peine dans les rochers où elles firent encore un semblant de défense; mais toute cette division finit par être culbutée sur le centre dans un désordre qu'on ne peut concevoir, et sans sauver un seul canon. Un corps de 1,200 hommes, qui occupait les hauteurs de la fonderie de Saint-Sébastien et que commandait M. de Crillon (3) (le fils du duc de ce nom), digne

---

(1) Guieu (Jean-Joseph), né à Champviella, département des Hautes-Alpes, le 30 septembre 1758, entra au 7e régiment d'artillerie le 1er novembre 1774, et obtint son congé le 31 janvier 1780. Capitaine au 1er bataillon des Hautes-Alpes le 14 décembre 1791, lieutenant-colonel de ce bataillon le 23 mai 1792, chef de brigade le 4 octobre 1793, général de brigade le 5 nivôse an II, général de division le 16 frimaire an V ; il fut retraité en l'an VIII.

(2) Davin (Jean), né à Baratier (Hautes-Alpes), entra au service dans le 4e régiment d'artillerie (Grenoble), le 15 novembre 1766. La Révolution le trouva sergent-major. Le 17 novembre 1791, il fut élu adjudant-major du 3e bataillon de volontaires de la Drôme. Général de brigade le 3 nivôse an II, il passa des Pyrénées-Orientales en Italie où il resta jusqu'en 1808, époque à laquelle il fut admis à la retraite.

(3) Crillon-Mahon (Louis-Antoine-François de Paule, duc de), grand d'Espagne, naquit en 1775 et entra au service de l'Espagne en 1784. En 1807, il fut chargé du gouvernement des provinces vascongades. Après l'abdication de Charles IV, il prêta

héritier de la valeur de ses ancêtres, fut le seul qui nous opposa
de la résistance. Il osa nous disputer la victoire, longtemps après
la retraite des autres troupes. Mais, par une fatalité singulière,
les Espagnols, qui ne concevaient pas comment nous étions parvenus à déborder leur flanc, sans avoir été arrêtés par ce corps
avancé, crurent que celui-ci avait abandonné son poste ; de sorte
que les seules troupes ayant fait leur devoir dans cette journée
furent indignement calomniées.

Le vainqueur de Mahon ne se consola des calomnies lancées
contre son fils qu'en apprenant l'accueil que son courage lui
avait valu de la part des Français, bons juges en cette matière,
et il en exprima sa joie dans une lettre aussi noble que touchante.

A ce moment décisif de la journée, le moindre effort dirigé
contre le centre des Espagnols aurait rendu leur défaite irrépa-
rable. Ce mouvement n'eut pas lieu ; il faut en dire la cause.

A la pointe du jour, le général Dugommier s'était porté de sa
personne sur un mamelon isolé, qu'en raison des bois qui le
couvraient nous appelions la montagne Noire. C'est de là, qu'ob-
servant les progrès de la droite de son armée, il donnait ses
ordres à son centre et à sa gauche pour les faire entrer en ligne,
lorsqu'un obus vint le frapper et l'étendit mort sur place (1).

Cet événement malheureux suspendit l'action ; Augereau conserva les positions dont il s'était emparé et toute l'armée resta
dans la même situation qu'avant la bataille.

Je crois devoir citer un mot qui peint les mœurs de ce temps
et la fureur de l'esprit de parti : lorsqu'on apprit, à l'état-major
de Pérignon, la mort du général en chef, l'adjudant général

serment au roi Joseph. En 1814, il dut se réfugier en France, où il mourut en
1832. Il était le troisième fils du duc Louis de Crillon-Mahon qui, après s'être distingué dans la guerre de Sept ans, quitta le service de la France pour celui de
l'Espagne, reprit Minorque sur les Anglais, fut créé duc de Mahon, et mourut à
Madrid en 1796.

(1) Dugommier s'était établi, dès quatre heures du matin, sur la montagne
Noire, avec le représentant du peuple Delbret et tout son état-major ; voyant que
ses ordres s'exécutaient avec rapidité et précision, il en profita pour se faire
apporter à déjeuner par son domestique nègre, Patoche ; à un moment, il lui
sembla que l'attaque de gauche se ralentissait ; il se leva, et un obus le frappa au
côté droit, brisant trois côtes et enlevant l'épaule. Dans son armée, on l'appelait
« le père de l'officier et du soldat ». Le corps de Dugommier fut transporté à Bellegarde et enseveli dans la citadelle.

Beaupoil de Sainte-Aulaire (1), qui s'y trouvait employé, reçut
cette nouvelle avec une joie féroce et s'écria : « Vivat! voilà un
obus républicain! » Dugommier était humain, généreux; ses
mœurs étaient douces, ses manières élégantes; il n'en fallait

---

(1) États de service du citoyen BEAUPOIL. (Marie-Jean-Benoît), né à Malicorne,
district de la Flèche, département de la Sarthe, le 3 may 1749 :

Soldat au régiment de la Marine, compagnie de Mangon.   4 may 1766.
Caporal et sergent, compagnie de Larue. . . . .
Sous-lieutenant, compagnie de Mercin. . . . .   23 janvier 1769.
Passé en Turquie, confédération de Bavière, comme lieu-
    tenant de dragons . . . .   1770.
Capitaine, légion de Potocki, en Pologne. . . . .   1771.
Réformé à la paix . . . .   1er may 1772.
Capitaine d'une compagnie franche de 450 hommes en
    Amérique. . . . .   Août 1775.
Breveté de colonel, au service de France, dans les colonies.   28 novembre 1776.
Quitté le service et la France. . . . .   28 novembre 1776.
Rentré en France, a servi dans la garde nationale. . . . .   5 may 1790.
Capitaine, légion dite Kellermann. . . . .   28 juillet 1792.
Chef d'escadron de *Tartares*. . . . .   7 novembre 1792.
Chef de bataillon, par la loi . . . .   22 octobre 1793.
Suspendu par le Conseil exécutif de l'armée de la Mo-
    selle, où il n'était plus depuis trois mois. .   19 octobre de la même année.
Rappelé par les représentants du peuple, Gaston et Fabre, sur le champ.
Chef de brigade, le 1er frimaire, l'an Ier de la République française Une et
    Indivisible.
Nommé adjudant général chef de brigade, par le représentant du peuple
    Milhaud, en thermidor, IIe année de la République; mais ayant négligé de
    s'en faire donner l'arrêté, il en donne pour témoin le général en chef pro-
    visoire Pérignon. Il observe qu'il n'a touché que la paye de chef de
    brigade.

            Castillon, le 20 nivôse, l'an III de la R. F. U. et I.
                        Signé : BEAUPOIL.

« Beaupoil est un officier qui a des connaissances rares, plein de moralité et
républiquain par principes. Je le regarde comme bien cher à la Patrie. Il joint aux
talents militaires la valeur la mieux entendue. Ce serait un excellent général de
brigade. Je crois devoir demander ce grade pour lui. » (Arch. adm. Min. de la
Guerre.)   « PÉRIGNON, général en chef provisoire. »
. Destitué par ses chefs, Beaupoil de Sainte-Aulaire se faisait rendre ses grades
par les représentants, plus puissants que les généraux. Pille, ministre de la Guerre,
le jugeait, et avec juste raison, tout autrement que Pérignon : « Si Beaupoil,
écrivait-il, a bien servi à la tête du bataillon de la Moselle, il est souple, rampant,
caustique et méchant. »
Après avoir été un farouche révolutionnaire, Sainte-Aulaire fut ou se dit être
un fidèle serviteur de Napoléon Ier, et devint enfin un royaliste exalté.
En l'an IV, il fut employé comme chef de brigade à l'armée d'Italie ; en
l'an VI, il servit sous Kilmaine, commandant l'armée d'Angleterre ; en l'an IX,
sous Brune, en Italie. Il sollicita alors du Premier Consul un commandement de
place à l'intérieur. En l'an XIII, on le trouve commandant d'armes à Verceil, d'où
il est envoyé à Pontivy pour diriger les ateliers de déserteurs. Il est retraité
en 1811.
La deuxième Restauration nomma Sainte-Aulaire colonel commandant les tirailleurs de Paris ; il mourut le 14 février 1829, à l'âge de quatre-vingts ans. (Arch.
adm. Min. de la Guerre.)

pas tant pour être odieux aux forcenés qui dominaient alors en France.

La mort de notre général ayant jeté la consternation parmi les troupes, les représentants leur adressèrent une proclamation, qui fut mise à l'ordre, et conférent le commandement à Pérignon (1). Celui-ci réunit un conseil de guerre. Augereau, ne voulant pas perdre le fruit des brillants avantages qu'il avait obtenus, fit décider qu'on livrerait une seconde bataille. La position qu'il occupait lui assignait le premier rôle dans la deuxième journée, et, afin de le consoler de n'avoir pas été préféré pour le commandement en chef, on tira des autres divisions 4,000 à 5,000 hommes destinés à renforcer la sienne. Il eut donc sous ses ordres une bonne moitié de l'armée.

Toutes ces dispositions prirent deux jours. On ne conçoit pas que les Espagnols n'aient pas compris que leur position n'était plus tenable, qu'ils n'aient pas profité du répit qu'on leur laissait, soit pour faire un retour offensif et essayer de reconquérir le terrain perdu, soit pour se retirer dans le camp retranché de Llers. Ils n'en firent rien, et pourtant nous avions une ligne disloquée, une aile en l'air! On marcha contre eux le troisième jour (30 brumaire), et cette deuxième affaire fut aussi complète que décisive.

Les Espagnols se firent tuer avec un courage digne d'un meilleur sort, mais aussitôt que leur ligne eût été forcée, ils ne résistèrent plus. Le comte de la Union fit des prodiges de valeur; il

---

(1) Pérignon (Dominique, Chatrine de), maréchal et comte d'Empire, puis marquis par Louis XVIII, naquit à Grenade (Haute-Garonne), le 31 mai 1754. Il entra au service comme sous-lieutenant au bataillon de garnison du régiment de Lyonnais, le 6 juillet 1780, et passa comme lieutenant dans les grenadiers de Quercy. Lieutenant-colonel de la garde nationale de Montech, en 1789, membre de l'Assemblée législative en 1791, général de brigade aux Pyrénées-Orientales en 1793, général de division la même année; général en chef à la mort de Dugommier; commandant l'armée des côtes de Brest et de Cherbourg ; ambassadeur à Madrid de 1796 à 1798; il fut employé à l'armée d'Italie. A la bataille de Novi, Pérignon, blessé à la tête et à l'avant-bras, fut fait prisonnier. Sa carrière active et militaire cessa à partir de cette époque. Rentré en France à la fin de 1800, il fut retraité en 1801, avec pension de 6,000 francs, et nommé vice-président du Sénat en 1802.

L'Empereur le comprit, en 1804, dans la promotion des maréchaux et l'envoya en Italie, comme gouverneur des États de Parme et de Plaisance ; il remplit les fonctions de gouverneur de Naples de 1808 à la fin de l'Empire. La Restauration l'employa dans les commandements des 10e et 1re divisions militaires.

Le maréchal de Pérignon mourut à Paris, le 25 décembre 1818 ; il avait épousé Catherine-Hélène de Verdier. (Arch. adm. Min. de la Guerre.)

essaya inutilement de rallier des troupes habituées à ne combattre que derrière des retranchements. Il ne put même pas arrêter les fuyards dans le camp de Llers, si fort d'assiette et si bien retranché. Ne voulant pas survivre à la défaite, il chercha et trouva la mort sur le champ de bataille.

Ainsi, à trois jours de distance, les deux armées ennemies perdirent leurs chefs !

Les fruits de cette victoire furent immenses ; toutes les tentes, les bagages, une énorme quantité d'armes et de munitions, 220 pièces de bronze tombèrent entre nos mains. L'armée espagnole, dominée par la terreur, fuyait précipitamment, et il fallut près de deux mois avant de pouvoir la rallier au delà de la Fluvia.

Figuières fut aussitôt investi et capitula assez honteusement quelques jours après, malgré ses 10,000 hommes de garnison. Rosas, qui n'est pas, à beaucoup près, une aussi bonne place, exigea un siège qui fut mal conduit et traîna en longueur. Nous y fûmes surpris par la saison des pluies. La plaine de Lampourdan passe, avec raison, pour être fort malsaine, de sorte que les maladies ravagèrent nos troupes ; aussi, à l'ouverture de la campagne suivante, l'armée française, affaiblie et fort négligée par le Gouvernement dont l'attention était absorbée dans une lutte autrement sérieuse au Nord, ne se trouva plus en état de rien entreprendre. Un combat assez mal engagé sur la Fluvia, par le général Schérer, soldat déserteur autrichien (1), fut le seul événement méritant quelque attention. Les Espagnols y firent

---

(1) Le général de Lorencez présente Schérer comme un déserteur autrichien. C'est une opinion erronée. Schérer, dit Schérer de Joncherey, était né à Delle (Alsace), le 14 décembre 1747. Il entra comme cadet, en 1760, au service des troupes impériales et demanda, en 1775, — il était alors lieutenant-adjudant, — à rentrer en France. Il en donne la raison dans une lettre au ministre de la Guerre :

« Le gouvernement autrichien ayant permis la vente des emplois, étant dans l'impossibilité de les acheter et ayant vu six de mes cadets monter au rang de capitaine au moyen de ces arrangements pécuniaires, je demande ma démission et quitte le service autrichien. » (Schérer au ministre de la Guerre. — Arch. adm.)

Le prince de Montbarey fit nommer Schérer, en 1780, au régiment provincial d'artillerie de Strasbourg. En 1785, il passa, comme premier major, au service de la Hollande, dans la légion de Maillebois, qui fut licenciée l'année suivante. Le prince d'Orange lui accorda, en 1789, la charge de maréchal général des logis de l'armée hollandaise, « distinction d'autant plus honorable pour Schérer, qu'il fut le premier exemple, dans la République, d'un officier nommé, en temps de paix, à une pareille charge ».

Lorsque l'Assemblée nationale rappela les officiers français au service de

mieux qu'on ne pouvait prévoir et nous ne nous tirâmes, avec un peu d'honneur, du mauvais pas dans lequel nous étions engagés que grâce à l'extrême bravoure des troupes. Enfin, notre faiblesse devint telle que nous n'osions plus espérer nous maintenir au delà des Pyrénées, lorsque le traité de Bâle vint nous tirer d'embarras. Le général Schérer passa au commandement de l'armée d'Italie, où nous le suivîmes.

Au nombre des officiers distingués, nos compagnons d'armes à l'armée des Pyrénées, qui se firent tuer ou se couvrirent de gloire en Italie et dans les campagnes suivantes, je dois citer : Augereau, Pérignon, Sauret, Lanusse, Lagrange, Causse, Beyrand, Frère, Bon, Verdier, Duphot, Dugua, Sanson (1).

Si, d'après ce récit, on conçoit une haute idée de la bravoure

---

l'étranger, Schérer « s'empressa de retourner offrir à sa patrie son sang qui lui appartient et les faibles connaissances militaires que près de trente-deux ans de service pouvaient lui avoir acquises ».

Après avoir longtemps sollicité un grade quelconque, il ne reprit du service que le 12 janvier 1792, mais seulement comme capitaine au 82ᵉ régiment d'infanterie. Schérer mourut à Chauny (Aisne), le 9 août 1844. Son fils commandait, en 1844, le 6ᵉ régiment de dragons. A la date du 23 septembre 1791, il écrivait encore au ministre de la Guerre :

« C'est un décret de l'Assemblée nationale à la main que je suis venu me présenter, il y a deux mois, pour entrer au service de mon pays.

« Je sers depuis trente ans ; j'ai passé par tous les grades aux services Impérial, de France et de Hollande ; j'ai levé, discipliné des corps nombreux d'infanterie et de cavalerie ; j'ai fait quatre campagnes où j'ai reçu des blessures, et cependant me voilà presque sans fortune, sans emploi quelconque. Je viens de voir vingt de mes cadets, tous mes inférieurs, et qui ont été sous mes ordres au service de Hollande, placés au service de France, même en qualité d'officiers supérieurs. Par quelle fatalité suis-je le seul que frappe une exclusion si malheureuse et, j'ose le dire, aussi peu méritée ? Serait-ce parce que, très maladroit à faire ma cour, à m'entourer de sollicitations puissantes, je ne suis qu'un soldat isolé, qui a cru bêtement qu'un grand zèle, quelques talents et trente ans de services méritaient qu'on me permît de verser, pour mon pays, un sang que je lui dois ?

« En un mot, si vous daignez faire l'essai de mes faibles talents, j'ai la noble audace de croire pouvoir le disputer, en connaissances militaires, avec tous mes rivaux ; et j'ose encore espérer qu'une vie exempte de tous reproches et le désir ardent de servir ma patrie me mèneront à reprendre le mousquet et à recommencer ma carrière militaire, avec des cheveux qui commencent à blanchir. » (Arch. adm. Min. de la Guerre.)

(1) LANUSSE (François), né à Habas, district de Dax, département des Landes, le 3 novembre 1772.

A servi dans la garde nationale d'Agen, depuis sa formation jusqu'au 1ᵉʳ mars 1792. Compagnie Laprade.

Depuis le 8 mars 1792 jusqu'au 5 février 1793, dans la 1ʳᵉ compagnie des grenadiers de Limoges, en qualité de lieutenant.

Le 5 février 1793, entré dans le 4ᵉ bataillon de la Haute-Vienne, portant nᵒ 5, comme volontaire. Le 8 dudit mois, a été fait sergent au choix.

de l'armée des Pyrénées-Orientales, on ne fera que lui rendre justice ; mais si, pour la même raison, on taxait la nature espagnole de lâcheté, on tomberait dans une grosse erreur, qu'il ne m'est pas permis de laisser subsister. Je le déclare, en vérité, je ne connais pas d'hommes qui soient plus patients, plus sobres, mieux disciplinés, plus fermes dans le combat que les soldats espagnols : à ces qualités précieuses, ils joignent un grand fond

---

Le 19, commandant en second, et, le 6 du mois de septembre, même année, chef de bataillon.

Le 4 frimaire, troisième année, a été nommé adjudant général chef de brigade, d'après la demande du général en chef, par les représentants du peuple, en récompense de la manière dont il s'est comporté dans les mémorables affaires des 27 et 30 brumaire. Le brevet a été délivré sur le considérant que le mérite et la bravoure doivent être récompensés. (Arch. adm. Min. de la Guerre.)

Armée d'Italie, 1795, 1796, 1797.

Lanusse fut tué en Orient, à Belbeys, le 19 mai 1801.

LAGRANGE (Joseph, comte), naquit à Lectoure en 1763, et entra, en 1794, comme capitaine, dans le 2e bataillon des volontaires du Gers. Il se signala aux sièges d'El-Harich, de Saint-Jean-d'Acre, à la bataille d'Héliopolis. A la création du royaume de Westphalie, le roi Jérôme le nomma ministre de la Guerre. En 1808, il passa à l'armée d'Espagne ; en 1809, il fut chargé du commandement des troupes formant le contingent du grand-duc de Bade. Pendant la campagne de Russie, il eut le gouvernement de la Haute-Souabe. A Champaubert, il fut grièvement blessé à la tête. Retiré près de Gisors, à la première Restauration, il présida, en 1817, le collège électoral du Gers, et fut nommé, l'année suivante, inspecteur général de la gendarmerie.

Placé en disponibilité en 1830, le général Lagrange mourut le 16 janvier 1836.

CAUSSE (Jean-Jacques), fils de Jean et de Anne Enjalvin, naquit à Caux (Hérault), le 29 août 1751. Engagé dans le régiment de Boulonnais, le 26 février 1770, tué à la bataille de Dégo, le 15 avril 1796.

BEYRAND (Martial), né à Limoges	9 septembre 1768.
Engagé au régiment de Bassigny-Infanterie	6 avril 1783.
Congédié, par défaut d'âge	15 avril 1784.
Rentré au 33e régiment d'infanterie.	17 mars 1785.
Congédié, par remplacement.	1er mai 1788.
Capitaine au 2e bataillon de la Haute-Vienne.	3 octobre 1791.
Chef de bataillon au même bataillon.	Août 1793.
Adjudant général à l'armée des Pyrénées-Orientales . .	19 brumaire an II.
Général de brigade, même armée	4 frimaire an III.
Réformé	15 messidor an III.
Remis en activité	13 brumaire an IV.
Employé à l'armée d'Italie	
Tué à l'armée d'Italie	16 thermidor an IV.
Blessures : Un coup de feu à la tête à Saint-Laurent de la Muga	26 thermidor an II.

Voici la demande que la mère du général Beyrand adressa au Premier Consul pour obtenir une pension, qui lui fut accordée :

« Général Consul, je suis la mère du général Beyrand, mort sur le lit d'honneur, au sein de la victoire, et duquel vous avez dit vous-même ces paroles remarquables, qui font ma consolation : « Nous avons perdu le général Beyrand ;

d'orgueil national et un amour pour la gloire qu'ils poussent jusqu'à l'exaltation.

Que leur manque-t-il donc pour devenir un des premiers peuples de l'Europe? Rien qu'un meilleur système de guerre et, peut-être aussi, une administration plus éclairée.

Leurs malheurs, dans cette dernière campagne, vinrent de leur confiance absolue dans leurs canons, leurs lignes, leurs éternels retranchements, confiance qu'il sera toujours dangereux

---

« cette perte, très sensible à l'armée, l'a été plus particulièrement pour moi. Je fai-
« sais le plus grand cas des qualités guerrières et morales de ce brave homme. »

« Eh bien ! ce brave homme a laissé dans la détresse sa mère, âgée de cinquante-sept ans, veuve depuis vingt-trois ans, parce qu'elle avait épuisé toutes ses
ressources pour le soutenir, lui et son frère, dans différents grades qu'ils ont
occupés.

« Ce frère est Pierre Beyrand, qui fut tué entre Montégu et Cholet, à la bataille
du 15 octobre. Il était aide de camp du général Barre.

« Le mobilier du général a été perdu pour moi en totalité, ainsi que celui de
son frère. J'avais pourtant équipé le premier trois fois en effets et en chevaux, et
j'ai remboursé au général Barre dix-huit cents francs qu'il avait prêtés au second ;
il m'a fallu y ajouter de plus huit cents francs que j'avais chargés à la poste de
Limoges, le 4 juillet 1793. Cette somme s'est perdue à Luçon.

« Voici ma position. Vous connaissez les travaux militaires de mes enfants. Je
réclame, avec confiance, la pension que votre justice et votre humanité n'ont pas
refusée à d'autres mères ruinées et affligées, comme moi, par la perte de leurs
enfants.   Veuve BEYRAND. »

FRÈRE (Georges, comte), né à Montréal (Aude), était pharmacien au commencement de la Révolution. Volontaire en 1791, il commandait, en 1793, le 2e bataillon
de l'Aude. Il fit la campagne d'Italie, reçut deux blessures, passa à l'armée de
l'Ouest, en Hollande, à l'armée du Rhin, et commanda la Garde des Consuls. Il
combattit en Autriche, en Prusse, en Pologne, de 1804 à 1807. En 1808, il reçut le
titre de comte, la croix de commandeur, le grade de général de division, un
commandement en Espagne. Devant Saragosse, il était chef d'état-major du
maréchal Lannes. A Wagram, il fut grièvement blessé. Renvoyé en Espagne, il
prit part aux sièges de Tortose et de Tarragone où Lorencez commandait une de
ses brigades. Il commanda ensuite les divisions de Rennes et de Lille.

Le général Frère mourut en 1826.

DUPHOT (Léonard), naquit en 1769, à Lyon. Il s'enrôla à seize ans, dans le régiment de Vermandois (devenu le 61e régiment d'infanterie). En 1792, il était
sergent.

Adjudant-major au 1er bataillon de volontaires du Cantal, en janvier 1793, il
fut nommé, le 24 novembre 1794, par les représentants du peuple, adjudant
général chef de brigade, à titre provisoire, et confirmé dans son grade le 9 février
1796. Employé, la même année, à l'armée d'Italie, il fut massacré à Rome,
le 28 décembre 1797.

« Léonard Duphot a fait toute la guerre dans l'armée que je commandais,
écrivait le général Pérignon au ministre de la Guerre ; je le recommande comme
l'un des meilleurs officiers des armées de la République, sous tous les rapports de
civisme, de valeur et de talents les plus distingués. »

« Duphot était un général de la plus belle espérance ; il était la vertu même. »
(*Mémorial.*)

d'inspirer aux troupes, qui, persuadées qu'elles peuvent tout avec ces moyens factices, se figurent n'être plus capables de rien lorsqu'elles en sont privées. Quelle apparence, d'ailleurs, qu'une armée, distribuée en petites fractions sur toute l'étendue de son front de bataille, immobile dans ses positions, contrainte dans tous ses mouvements, puisse combattre avec fruit contre un général tant soit peu manœuvrier! N'est-il pas évident que, quelque forte que soit la ligne, on parviendra toujours à la péné-

---

Dugua (Charles-François-Joseph), né le 1ᵉʳ mars 1744, à Valenciennes (Nord).

Enseigne au régiment de Bourbon-Infanterie . . . . 14 mai 1760.
Démissionnaire comme lieutenant . . . . 1777.

Bureau
des opérations
militaires.

Notice sur les services militaires du général de division Dugua.

Le général de division Dugua, chef de l'état-major général de l'armée de Saint-Domingue, a terminé, dans cette colonie, une carrière honorablement remplie et distinguée par des vertus civiles, comme par de longs services militaires.

Longtemps avant la Révolution, il avait suivi la profession des armes qu'il avait embrassée fort jeune. Il avait trente-trois ans, et il comptait déjà dix-sept années de service, lorsqu'il prit le parti de renoncer à cette carrière et de quitter le régiment de Bourbon-Infanterie, où il avait toujours servi comme officier.

La Révolution lui remit les armes à la main. Il entra dans la gendarmerie organisée à Versailles, en 1791, et il était chef de brigade, dans cette arme, en 1792.

En 1793, il se trouvait à l'armée des Pyrénées-Orientales, où il se distingua par des actions d'éclat qui lui méritèrent le grade de général de brigade.

En l'an II, les talents et l'activité dont il donna des preuves au siège de Toulon, où il était chef d'état-major de l'armée, l'élevèrent au grade de général de division.

Il passa, en l'an IV, des Pyrénées dans l'Ouest, et fut appelé à l'armée des côtes de Cherbourg où le général Hoche se plut souvent à rendre justice à ses talents. Ce fut alors qu'il jeta parmi les habitants de cette contrée les fondements d'une réputation moins brillante, mais non moins glorieuse, en développant des vertus civiles qui lui méritèrent l'amour et l'estime de tous les départements du Calvados. Tel fut l'ascendant de ses vertus, qu'ayant été envoyé, en l'an V, à l'armée d'Italie, il fut peu de temps après rappelé dans le Calvados par le vœu de tous les citoyens et les ordres du Gouvernement.

L'estime dont l'honorait le général Bonaparte, la gloire des arts, dont il était un amateur éclairé, enfin l'honneur et l'éclat attachés à l'expédition d'Égypte, lui firent un devoir d'en partager les dangers.

Il revint en France en l'an VIII ; la mémoire de ses bienfaits et de ses vertus vivait encore dans le Calvados, et c'est dire assez quel service le gouvernement consulaire rendit à ce département en lui donnant pour préfet le général Dugua.

L'expédition de Saint-Domingue, où ses talents furent jugés nécessaires, l'enleva bientôt aux paisibles travaux de l'administration. Il servit cette expédition de toutes ses lumières, comme de tout son courage; il reçut deux blessures au blocus du fort la Crète, et, après avoir partagé les travaux et les fatigues du capitaine général pour la reprise et la restauration de la colonie, il suivit jusqu'au bout son sort, et mourut, comme lui, victime de l'épidémie meurtrière qui a ravagé cette contrée. (Arch. adm. Min. de la Guerre.)

trer par quelque point et qu'alors il ne lui reste pas d'autre parti à prendre que celui de la fuite?

C'est sans doute en raisonnant sur l'hypothèse d'une situation semblable que l'on prétendit qu'une armée tournée était infailliblement battue. Cette maxime, vraie peut-être il y a soixante ans, ne signifie plus rien depuis que l'art de la guerre consiste bien plus dans l'activité des mouvements que dans le choix du

---

Sanson (Nicolas-Antoine, comte). — Etat des services et renseignements demandés concernant le citoyen Sanson, chef de bataillon dans l'arme du génie, employé comme capitaine.

Né à Paris, le 7 décembre 1756.

Employé pendant seize ans en qualité de professeur de mathématiques et de fortification à l'Ecole militaire de Sorèze.

Talents et moralité. — A étudié les mathématiques, l'architecture civile et militaire, le dessin géométral, les ombres, la perspective ; dessine l'architecture civile et militaire, la topographie à la plume et au pinceau, la figure et le paysage au crayon ; a fait bâtir. (Arch. adm. Min. de la Guerre.)

Le général de division, comte Sanson, volontaire au 1er bataillon de volontaires nationaux du Tarn, fut nommé chef de brigade le 1er février 1797.

Il suivit la Grande Armée, en 1812, comme commandant le bureau topographique, fut inspecteur général du génie, le 29 mars 1815, et retraité le 18 octobre de la même année. Il mourut à Passy (Seine), le 20 octobre 1824.

Bon (Louis-André) était né à Romans, en Dauphiné, le 25 octobre 1758. Engagé au régiment de Bourbon-Infanterie le 1er juin 1776, et congédié le 1er juin 1784, il fut élu chef du 1er bataillon de grenadiers de la Drôme le 12 août 1792, et fit la campagne des Pyrénées-Orientales.

Nommé général de brigade, il passa en Italie. En Syrie, il enleva Gaza et força Jaffa. A Saint-Jean-d'Acre, il se trouvait à la tête de ses grenadiers, au pied de la brèche, dans le dernier assaut, lorsqu'il fut mortellement blessé.

Quatorze ans plus tard, l'Empereur, visitant l'Ecole militaire de Saint-Germain, demanda le nom d'un élève : c'était le fils du général Bon.

« Où est votre mère? dit l'Empereur. — A Paris, à un quatrième étage, où elle meurt de faim. » — Cet involontaire oubli fut aussitôt réparé, et la veuve du général Bon reçut une pension viagère de 6,000 francs.

Son fils devint lieutenant-colonel du 4e régiment de chasseurs à cheval et mourut à Tarascon, en 1843.

« Bon avait toutes les qualités qui font les grands généraux », disait Napoléon 1er.

Verdier (Jean-Antoine).

ARMÉE
DES PYRÉNÉES-ORIENTALES.   *Renseignements.*

Jean-Antoine Verdier, adjudant général chef de brigade, né à Toulouse le 1er mars 1766, fils de Jean Verdier, maître tailleur de pierres, et de Marie Montagnac, marchande. Tous les deux établis à Toulouse.

Profession. — Ayant étudié, à Toulouse, la peinture, aux écoles établies en cette ville et en faisant profession jusqu'à son entrée au service.

Services avant et pendant la Révolution, les grades par où il a passé et par qui demandés. — Entré au 52e régiment d'infanterie, cy-devant La Fère, le 18 février 1785, compagnie de Reguouvot ; deux ans après, passé caporal dans la compagnie de Paty où il a resté jusqu'au dédoublement des compagnies, qu'il fut fait caporal-

terrain, dans une valeur d'impulsion que dans un courage d'inertie, enfin, depuis qu'il n'existe pas de position qui, par sa nature, soit bonne ou mauvaise pour quiconque est grand tacticien.

Ne devait-il pas être bien convaincu de cette vérité celui à qui on demandait, avant la bataille de Castiglione, comment il s'y prendrait pour appuyer ses ailes? « J'appuierai ma droite avec du canon, répondit-il, et ma gauche avec des baïonnettes. »

ARMÉE D'ITALIE.

Les débuts de Schérer, en Italie, furent supérieurs à ce que l'on pouvait attendre de lui. Il amenait peu de troupes, il est vrai, mais elles étaient très aguerries et brûlaient du désir de se signaler sur ce nouveau théâtre. Tout manquait, d'ailleurs, à cette armée, qui était dans une si malheureuse situation que tout lui semblait bon, pourvu qu'elle en changeât.

Ce n'était, sans doute, pas une raison suffisante pour obliger un général aussi irrésolu, aussi peu sûr de lui que l'était Schérer, à hasarder une bataille; mais Augereau et Masséna l'y poussèrent malgré lui.

---

fourrier dans la même compagnie et où il a continué à servir jusqu'au 24 janvier 1792 (vieux Estille), qu'il a passé adjudant sous-officier dans le 2e bataillon de la Haute-Garonne. Trois mois après, la confiance de ses camarades l'élevèrent au grade d'adjudant-major dans le même bataillon, où il a resté jusqu'au 1er germinal IIe an républicain, que le général divisionnaire Augereau le prit pour son aide de camp, avec lequel il a resté jusqu'au 4 frimaire IIIe an républicain, qu'il a été fait adjudant général chef de brigade par les représentants Vidal et Delbrel. Tous ses services sont sans interruption, tant dans les grades où il a passé, qu'autrement; le grade d'adjudant général chef de brigade lui a été demandé par le général divisionnaire Augereau. (Arch. adm. Min. de la Guerre.)

Verdier fit toutes les campagnes de la Révolution et de l'Empire, et chacune de ces campagnes fut marquée par une blessure ou une action d'éclat, souvent par l'une et l'autre. Il fut cité pour avoir contribué au succès de la journée de Lonato, pour s'être couvert de gloire à Bassano. Il fut blessé à Arcole. Kléber lui remit un sabre d'honneur. L'Empereur le cite dans le 78e bulletin de la Grande Armée, comme ayant réussi à déborder l'ennemi à la bataille de Heilsberg; dans le 79e bulletin, à l'occasion de la bataille de Friedland. La bataille de Polotsk, du 18 août, lui valut une nouvelle blessure. Verdier fut encore mis à l'ordre de l'armée d'Italie pour sa conduite au combat d'Ala, en 1813, où il reçut un coup de feu à la cuisse, et pour avoir, en 1814, contribué, dans la plus large part, au succès remporté sur les Autrichiens à la bataille du Mincio.

Le général Verdier mourut le 30 mai 1839.

BATAILLE DE LOANO.

(2 frimaire an IV, 23 novembre 1795.)

Cette bataille, qui porta le nom de Loano, fut livrée le 2 frimaire an IV (23 novembre 1795). Les Autrichiens y furent complètement battus. Rien ne pouvait nous empêcher de les rejeter dans la Lombardie dont Bonaparte fit plus tard la conquête, après des succès bien moins décisifs; mais Schérer n'en conçut même pas la pensée. Son armée s'avança seulement jusqu'à Voltri; quant à lui, il retourna à Nice, d'où il ne bougea plus jusqu'à l'époque où Bonaparte vint le remplacer dans son commandement.

Notre nouveau général résolut alors d'envahir l'Italie. La faiblesse de son armée et la multitude des obstacles à surmonter exigeaient des efforts de génie; il dépassa notre attente. Personne ne profita mieux des avantages acquis, ne manœuvra avec plus de science et d'habileté.

Le métier de la guerre est peut-être, de tous les métiers, celui qui exige le plus d'y être continuellement exercé; on se rouille infailliblement dans l'inaction; or, la guerre, telle qu'elle se pratiquait depuis 1792 du côté des Alpes, n'était à proprement parler qu'une neutralité armée. On ne s'était guère battu jusque-là que pour se disputer quelques crêtes de montagnes. La bataille de Loano, elle-même, n'eut pas d'autre résultat, et l'armée française qui, après l'avoir gagnée, aurait dû aller hiverner en Lombardie, ou tout au moins en Piémont, resta dans la rivière de Gênes où elle éprouva toutes les misères imaginables.

Les généraux avaient, de part et d'autre, perdu jusqu'à l'idée des grandes opérations militaires. Les Autrichiens n'avaient, d'ailleurs, jamais songé à pénétrer par cette frontière sur le territoire de la République, si ce n'est, peut-être, au moment des troubles de Lyon, et l'on nous supposait encore moins l'idée d'une invasion qui, depuis les malheurs de François Iᵉʳ, était considérée, en France, comme le comble de la folie.

Bonaparte, profitant de ces dispositions et de cette sécurité, étonna, par la rapidité de ses opérations, aussi bien les généraux ennemis que ceux de son armée.

Je me souviens non seulement de la surprise, mais aussi du mécontentement de nos généraux devant cette activité qui leur était inconnue. Ils disaient hautement que ce n'était pas ainsi que l'on conduisait des troupes ; que les soldats ne résisteraient pas à tant de fatigues, etc... Sans ces récriminations, Bonaparte ne se serait peut-être pas arrêté à Milan ; il aurait poussé jusqu'à l'Adige. Cependant, si l'on considère que, depuis trente-six jours, une armée exténuée n'avait cessé de marcher et de combattre, on conviendra qu'il était bien difficile de ne pas lui accorder huit jours de repos.

Ce qui prouve, d'ailleurs, combien notre présence était nécessaire en Lombardie, c'est la révolte de Pavie qui éclata dès que Bonaparte fut sorti de Milan.

Mais j'anticipe, et je reviens aux débuts de la campagne.

Une fois qu'il eut entamé l'ennemi, notre général ne lui laissa plus le temps de se reconnaître. Après les batailles de Monte-notte et de Millesimo, il sembla n'en vouloir qu'à la Lombardie, certain que Beaulieu (1) songerait, avant tout, à couvrir les possessions de l'Empereur. C'était là un coup de maître. Il eut deux résultats remarquables : empêcher la réunion des deux armées ennemies, qu'il fut ensuite plus aisé de combattre, et indisposer la Cour de Turin contre l'Autriche.

BATAILLE DE MONDOVI ET BATAILLE DE LODI.

(3 floréal an IV, 22 avril 1796. — 21 floréal an IV, 10 mai 1796.)

La bataille de Mondovi fut promptement suivie de la défection du roi de Sardaigne (2) ; nous passâmes le Pô à Plaisance pendant que Beaulieu, dupe de nos fausses démonstrations, se fortifiait entre le Tessin et la Sésia. Bonaparte avait fait insérer à dessein, dans l'armistice conclu avec le Roi, que les Français auraient la faculté de passer le Pô à Valence et

---

(1) BEAULIEU (Jean-Pierre, baron de) naquit en 1725 dans le Brabant, et mourut en 1820 dans son château de Lintz, en Autriche.

(2) VICTOR-AMÉDÉE III, né à Turin en 1726, et mort d'une attaque d'apoplexie en 1796.

nos mouvements semblaient concorder avec ce projet. Il n'est donc pas étonnant que l'illusion du général autrichien fût complète.

Ce sont là, a dit quelqu'un, des moments décisifs dans lesquels le génie devine le génie. Cela pouvait arriver quelquefois à Turenne, à Montecuculli, mais Beaulieu ne devinait pas Bonaparte.

Le *combat* de Lodi suivit de près. Cette affaire, à laquelle je pris part, et l'*action* de Mondovi, où je me trouvais aussi, reçurent les noms plus pompeux de batailles. Le général en chef savait qu'il avait affaire à une nation aimant la *mousse;* les rapports du trop fameux Barère, à la Convention, nous y avaient accoutumés.

Bientôt l'armée autrichienne, qui voulut en vain nous arrêter sur le Mincio, fut obligée de se jeter dans le Trentin et de nous abandonner l'Italie.

Ce grand ouvrage fut achevé en moins de deux mois, depuis le 20 germinal, jour où nous avions été attaqués à Voltri, jusqu'au 12 prairial.

Ceux qui étaient jaloux de la gloire immortelle dont venait de se couvrir un jeune général, parvenu à peine à sa vingt-huitième année, disaient, tant le langage de l'envie est toujours semblable à lui-même, que notre conquête n'était qu'une heureuse imprudence, que Bonaparte s'était enfermé dans un pays d'où il ne sortirait jamais, que toutes nos invasions en Italie avaient d'abord eu le même éclat, mais que les suites en avaient toujours été funestes. Les gens raisonnables, tout en admirant les rares talents de Bonaparte, n'osaient encore prévoir sa destinée.

« Un succès, disaient-ils, prépare un nouveau succès. Une fois que l'ennemi est ébranlé, il suffit de le pousser pour le mettre à terre. Jusqu'ici, notre héros a su se servir de la fortune avec habileté; il faut voir s'il saura la maintenir. Voyons comment il s'y prendra pour conserver son ouvrage, garder sa supériorité. L'offensive n'est pas la partie la plus difficile de la guerre; une bonne défensive est, par-dessus tout, ce qui prouve un talent supérieur. C'est là que nous attendons Bonaparte. »

La longue résistance de Mantoue obligea Bonaparte à se tenir sur l'Adige, afin de couvrir le blocus de cette forteresse. Feuquières (1), qui était bon juge, regardait la ligne de l'Adige comme très mauvaise, et Catinat ne put jamais s'y maintenir contre le prince Eugène.

Si Bonaparte, qui l'a occupée si longtemps, a mieux réussi, il ne le dut qu'à la hardiesse de ses manœuvres. Quelquefois, il attendait l'ennemi; le plus souvent, il allait le chercher et le dispersait ou le détruisait avant qu'il ait eu le temps de rien entreprendre.

La faute la plus commune à ceux qui défendent des lignes est de trop s'attacher à les garder dans toute leur étendue, faute capitale à laquelle des armées ont souvent dû leurs revers. Bonaparte ne la commit pas. Il sentit qu'aucune armée n'était suffisante pour garnir de troupes tout le cours du fleuve, depuis la Corona jusqu'au Canal-Blanc, parce que, en s'étendant ainsi, elle ne pouvait résister à un ennemi qui, feignant de l'attaquer partout et faisant son principal effort sur un seul point, serait parvenu, en le forçant, à couper l'armée, qu'il eût été ensuite impossible de rallier, soit pour se retirer, soit pour se défendre. Il prit donc d'autres dispositions et forma trois corps principaux : celui de droite occupait Porto-Legnago; celui de gauche, Montebello et Rivoli; celui du centre était à Vérone; d'autres troupes surveillaient le lac de Garde.

Les corps avaient ordre de se couvrir par des avant-gardes, d'éclairer leurs flancs avec des troupes légères et de rester toujours liés entre eux. L'armée pouvait donc être toujours promptement réunie, et, puisqu'on ne pouvait empêcher l'ennemi de passer, on était au moins sûr qu'il ne le ferait pas impunément.

On ne tarda pas à s'apercevoir de la sagesse de ces dispositions.

Wurmser (2) déboucha tout à coup, avec des forces imposantes, par la vallée de l'Adige et l'extrémité du lac de Garde. Il fallut céder à ce torrent et malheureusement lever le siège de

---

(1) FEUQUIÈRES (Antoine de Pas, marquis de) naquit en 1648 et mourut en 1711. Il servit avec éclat, sous Turenne, Luxembourg, Catinat. Il laissa des *Mémoires sur la guerre*, publiés par son neveu en 1770.

Feuquières écrivit cet axiome, qui doit être la base d'une loi logique sur l'avancement : « Faites avancer suivant le mérite, récompensez suivant les services. »

(2) WURMSER (Dagobert-Sigismond, comte de) appartenait à une vieille famille

Mantoue qui touchait à sa fin. Or, j'ai entendu dire au général Sanson, officier du génie, connu par ses lumières et sa bravoure, que cette place ne pouvait tenir plus de six jours. Bonaparte se retira alors au delà du Mincio. Wurmser prit ce mouvement pour un aveu d'infériorité, fit dans Mantoue une entrée triomphale aux acclamations de la garnison, et poussa sa droite jusqu'à Brescia. Bonaparte l'y attendait. L'armée autrichienne fut battue à Lonato, accablée à Castiglione (1), et ses misérables restes allèrent chercher asile dans les montagnes du Tyrol.

Un mois après, les Autrichiens s'étaient reformés, revenant à la charge, et se préparaient à pénétrer en Italie sur deux colonnes; l'une devait suivre le cours de la Brenta, l'autre celui de l'Adige.

Soit par l'effet de cette sécurité dangereuse qui est ordinairement le résultat d'un succès inespéré, soit par les inspirations d'une politique jalouse et ombrageuse, le Directoire n'avait fait passer en Italie qu'un faible renfort venant de l'ouest.

La conjecture était épineuse. Un homme ordinaire n'aurait probablement songé qu'à choisir une position favorable, à s'y rassembler et fortifier par tous les moyens. Bonaparte, lui, se décida à une opération dont la hardiesse égale tout ce qu'il a fait depuis, qui semble être le *patron* sur lequel il a modelé sa dernière invasion en Italie.

Il part de Milan au milieu d'un bal, arrive à Vérone et met son armée en marche. Un instant, il laisse croire, en présentant ses têtes de colonne sur la route de Vicence, que son dessein est d'attaquer en même temps les deux corps ennemis; mais il change subitement de direction et se précipite avec toute son armée dans les gorges de l'Adige. Rien ne lui résiste. Les défilés de Marco, le camp retranché de Mori sont forcés ; Roveredo (2), Collieno tombent devant nous.

---

alsacienne. Il servit d'abord la France jusqu'au grade de capitaine, et passa au service de l'Autriche lorsque son père alla habiter Vienne.

Né en 1724, il mourut en 1797.

(1) Lonato, 16 thermidor an IV (3 août 1796); Castiglione, 18 thermidor an IV (5 août 1796).

(2) « J'étais alors à la 4e demi-brigade et j'ai participé à ces manœuvres, que j'ai même célébrées dans un écrit échappé à ma jeunesse. » (Note du général de Lorencez.)

Wurmser, qui était occupé à passer en revue ses beaux grenadiers de l'armée du Rhin, se réveille au bruit de cette irruption soudaine. Il accourt à Trente et n'a que le temps de repartir pour échapper à nos troupes qui entrent en même temps que lui dans la ville.

Pendant que Bonaparte, à la tête d'une division, culbutait l'ennemi et l'obligeait à passer la Lavis, il faisait traverser au reste de l'armée les montagnes qui séparent les deux vallées de l'Adige et de la Brenta. Wurmser, conservant la moitié de ses forces, qui égalait la totalité des nôtres, avait déjà pris ses dispositions de défense, et Bonaparte n'eut pas trop de tous ses talents, de toute la bravoure de ses troupes pour surmonter les obstacles accumulés par le vieux général autrichien. Il en vint pourtant à bout, battit successivement son adversaire à Primolano, à Covolo, à Cismone, et l'écrasa à Bassano. Tout eût été la proie du vainqueur, si le général Kilmaine (1) n'avait cru pouvoir se dispenser de jeter quatre cents hommes dans Porto-Legnago, ainsi qu'il en avait reçu l'ordre, à cause des dangers auxquels il craignait d'exposer Vérone, qu'il était obligé de défendre au dehors et de contenir en dedans avec une poignée d'hommes.

Wurmser en profita et c'est par Porto-Legnago qu'il parvint à effectuer sa retraite avec les débris de son armée. Il y laissa une garnison qui arrêta la marche d'une division française, ce

---

(1) Jennings Kilmaine (Edouard-Charles) naquit à Dublin le 19 octobre 1751 ; son père était médecin. Il prit du service, en 1774, dans Royal-Dragons, passa adjudant dans les volontaires étrangers de la Marine, devenus étrangers de Lauzun, fit campagne au Sénégal avec ce corps, fut promu sous-lieutenant en 1780 et resta quatre années en Amérique.

Capitaine en 1788, lieutenant-colonel en 1792, général à l'armée du Nord et de la Moselle en mars 1793, un mois après, général de division, il fut suspendu de ses fonctions dès le mois d'août et jeté en prison. Malgré les protections des représentants du peuple Collombel, de Tourneur, Cochon, Deville, etc., il ne recouvra la liberté qu'après quinze mois de détention et dut fournir des « observations sur sa conduite morale et politique ».

« Ma conduitte, écrivait Kilmaine, est d'être un honnête homme, républiquain et véridique. J'ai sauvé deux fois le régiment de Lauzun qu'on cherchait, par tous les moyens de séduction, à faire émigrer. J'ai sauvé une partie de l'armée à l'émigration de Lafayette. J'ai été mis aux arrêts, à Verdun, pour avoir dit aux hussards de Lauzun, en 1789, que le devoir d'un soldat français était de combattre et de vaincre les ennemis de son pays, mais de ne jamais tirer le sabre contre ses concitoyens pour servir les projets du despotisme. J'ai été mis deux fois aux

qui lui facilita les moyens d'arriver à Mantoue où d'autres
revers l'attendaient.

Il faut avoir parcouru le théâtre de cette admirable campagne
pour se former une juste idée de la hardiesse du plan et de la
difficulté de son exécution. J'ai vu des officiers, qui n'étaient
rien moins que timides, en être cependant effrayés.

Avant de sortir de la vallée étroite et profonde de la Brenta
pour déboucher sur Bassano, Bonaparte s'arrêta dans le village
de la Polagna. Il s'aperçut de l'étonnement avec lequel quelques
personnes regardaient les précipices dans lesquels nous étions
engagés.

Berthier, auquel sa bravoure et ses talents militaires per-
mettaient de tenir ce langage, dit au général Augereau : « Notre
chef aurait besoin d'un revers pour devenir un général accompli. »
— « J'avoue, répondit Bonaparte en riant, que la position des
deux armées est bizarre ! » Elle l'était, en effet. Figurez-vous
une armée abandonnant tout à coup le pays qu'elle est chargée
de défendre, se trouvant elle-même, après avoir détruit une
partie des forces ennemies, exactement derrière celles qui sub-
sistent et les refoulant vers ce même pays dont elle veut cependant les chasser. Ce mouvement est peut-être unique dans les
fastes militaires.

Une seule circonstance trompa les calculs de Bonaparte : il
avait fort bien jugé que, si nous attendions les Autrichiens
dans nos positions, nous étions perdus, tandis que, en les attaquant dans des gorges étroites où ils ne pouvaient se développer
et, par suite, trouver un avantage dans la supériorité du nombre,
nous pouvions compter sur des succès que l'impétuosité française rendrait infaillibles. Mais Wurmser pouvait manœuvrer

---

arrêts, à Nancy et à Belfort, pour m'être élevé en face contre les projets liberti-
cides de Bouillé. Lorsque les Prussiens s'emparèrent de Verdun, les émigrés me
poursuivirent et me firent l'honneur de mettre ma tête à prix. Je n'eus garde de la
leur laisser prendre, mais ils eurent le crédit de me faire suspendre et de passer
quinze mois en prison par le moyen de leurs amis à l'intérieur. » (Arch. adm. Min.
de la Guerre.)

Kilmaine reçut, en 1795, le commandement de la cavalerie à l'armée des Alpes,
et, en 1798, le même commandement à l'armée d'Angleterre. Il remplit même, par
intérim, les fonctions de général en chef.

Sa santé était ébranlée par les séjours aux colonies, par la guerre ; il chercha à
la rétablir aux eaux de Plombières, de Vichy, et mourut subitement à Paris, où il
était en congé, le 11 décembre 1799.

avec les troupes de sa gauche et tomber sur nos derrières ;
l'attaquer, c'était tout compromettre ; il ne s'agissait donc que
de le contenir. Toutes les cartes indiquaient une route longeant
les crêtes des montagnes ; la division Augereau reçut l'ordre de
la suivre en se conformant aux mouvements des corps qui agis-
saient dans la vallée.

Si cette division avait pu remplir sa mission, elle aurait non
seulement protégé nos flancs et nos derrières, mais l'effet même
de sa marche aurait été de couper, de prime abord, les deux
fractions de l'armée autrichienne. Cela nous eût épargné la
peine de forcer les gorges de la Brenta, qui se trouvaient ainsi
dominées.

Malheureusement, le chemin n'existait pas et, dès le second
jour, cette division se trouva comme perdue dans des rochers
inaccessibles, n'offrant aucune issue ; elle dut rétrograder, des-
cendre la montagne et marcher à la suite des autres colonnes.
Le contretemps était inquiétant ; pourtant, ce qui devait ras-
surer Bonaparte, c'est que ces hauteurs, impraticables pour nos
troupes, l'étaient aussi bien pour l'ennemi ; il continua donc sa
marche, et nous avons vu que l'impétuosité avec laquelle il
poussait ce qui se trouvait devant lui ne lui faisait pas perdre de
vue ce qu'il laissait derrière ; en effet, à la première issue qui
s'offrit, Masséna et Augereau passèrent ensemble la Brenta.

Soit que Bonaparte ne doutât plus de la prompte reddition de
Mantoue et que, dans ce cas, il voulût se ménager la facilité
de pénétrer, sans obstacles, jusqu'au cœur de l'Autriche ; soit
qu'il n'eût d'autre dessein que de s'assurer de plus grandes éten-
dues pour manœuvrer, il laissa deux divisions dans le Tyrol ;
mais, quoiqu'en effet la prompte reddition de Mantoue parût
probable, quoiqu'un retour offensif des Autrichiens, qui venaient
d'être écrasés, semblât impossible, l'hommage que je rends aux
talents d'un grand homme serait moins digne de lui si je ne
disais qu'il eut tort, à mon avis, d'isoler ainsi une partie de ses
forces (1).

Voici donc comment Bonaparte sut réparer la faute que, avec
témérité peut-être, j'ose lui reprocher ici :

____

(1) Turenne, en avouant ingénument ses fautes, disait que quiconque se vantait

Une armée autrichienne, dont on soupçonnait à peine l'existence, arriva tout à coup en Italie par le Frioul et se présenta sur les bords de la Piave. Elle remporta d'abord quelques avantages et nous obligea de rétrograder jusqu'à Vicence.

Le général en chef vola au-devant de l'ennemi et le contraignit bientôt à repasser la Brenta; comme il se disposait à poursuivre ses succès, il apprit que la division du Tyrol, forcée dans ses positions sur la Lavis, effectuait sa retraite. Il se replia aussitôt sur l'Adige. Ce mouvement rétrograde enhardit Alvinzi (1), qui s'avança jusqu'à San Martino; il en fut d'abord repoussé, et l'affaire de Caldero (2) eût complété sa défaite si un défaut d'entente dans le mouvement des divisions chargées de l'attaque, et une averse effroyable, n'eussent arraché la victoire de nos mains. Nous couchâmes sur le champ de bataille.

Cette lutte en détail nous aurait bientôt épuisés; il nous fallait une affaire décisive. Nous nous retirâmes sous les murs de Vérone. Mais, tandis qu'Alvinzi se disposait à nous attaquer, l'armée, profitant de la nuit, descendait en silence le long de la rivière et filait sur Ronco.

BATAILLE D'ARCOLE.

(27 brumaire an V, 12 janvier 1797.)

L'intention de Bonaparte était de passer l'Adige à cet endroit et d'attaquer l'ennemi à revers. On fit d'abord occuper le village d'Arcole par où l'armée devait déboucher le lendemain; mais,

---

de n'en avoir jamais commis n'avait sûrement fait, ni souvent ni longtemps, la guerre. Ne point faire de fautes est, en effet, un privilège au-dessus de l'humanité. Le plus beau triomphe du génie consiste, surtout, à faire naître ses succès d'un revers, car les revers s'enchaînent encore plus facilement que les succès. (Note du général de Lorencez.)

(1) ALVINZI (Joseph, baron d') naquit en 1735, en Transylvanie, et mourut à Baden en 1810.

(2) Pendant que le général en chef travaillait à ce beau mouvement qui, s'il avait été aussi heureusement exécuté qu'il fut habilement conçu, aurait rendu la victoire si complète et si facile, les commissaires du Gouvernement, attristés par le peu de succès de l'affaire de Caldero, entrèrent dans sa chambre. « Eh bien! général, dirent-ils... — Eh bien, répondit Bonaparte en souriant, battant battu, battu battant. C'est le sort des armes! » Et se tournant vers son secrétaire, il continua à lui dicter l'ordre de marche. (Note du général de Lorencez.)

cette fois, la fortune sembla prendre plaisir à confondre le talent. Par un hasard inouï, une division ennemie qu'Alvinzi avait probablement détachée pour nous tourner et donner la main à la garnison de Mantoue, se présenta la nuit devant Arcole, qui fut aussitôt évacué par nos troupes.

On a cru généralement que cette retraite s'était opérée à l'insu du général en chef, qu'elle fut le résultat d'un malentendu. Nos efforts prodigieux pour reprendre ce poste ont beaucoup contribué à accréditer cette erreur; mais ce ne fut pas pour le poste lui-même que l'on combattit, c'est parce que, en tout état de cause, une bataille était inévitable et nécessaire. La question est de savoir s'il était plus avantageux de la livrer dans Arcole ou au delà.

C'est ce qu'il faut examiner.

En avançant au delà d'Arcole, nous nous serions trouvés dans une plaine découverte où les Autrichiens auraient pu s'étendre à l'aise, développer toutes leurs forces et nous accabler par la grande supériorité du nombre; en restant en deçà, nous occupions au contraire un pays de chicane, coupé par des canaux, où nous ne pouvions, en quelque sorte, être abordés que par un seul point, et ce point était une digue de peu de largeur. La preuve des difficultés de ce terrain est que l'ennemi, une fois engagé dans Arcole, n'osa point hasarder un pas de plus; il ne songea qu'à se retrancher et il garda constamment la défensive.

Ces considérations n'échappèrent pas à Bonaparte. La présence d'un corps ennemi lui ôtant désormais la possibilité de dérober sa marche, il comprit de suite que le projet de couper l'armée autrichienne n'était plus exécutable ; mais, s'il dut voir avec amertume qu'un hasard malheureux lui ravissait les avantages qu'il s'était promis de sa belle manœuvre, il pensa toutefois, avec raison, que, dans la nécessité où il se trouvait de combattre, il lui serait difficile de trouver un champ de bataille plus propice.

Cette réflexion le décida à céder Arcole aux Autrichiens, et, dès ce moment, il mit autant de soin à attirer toute leur attention sur ce point qu'il avait pris, auparavant, de précautions à l'en détourner : ce point mérite une explication.

Pour que la bataille fût décisive, il fallait que toute l'armée autrichienne se trouvât en présence, le grand nombre ne pouvant d'ailleurs que l'embarrasser sur un théâtre où elle ne pouvait agir que partiellement.

De notre côté, en ne remportant qu'une victoire incomplète, la question restait indécise.

Tel est, selon moi, le secret du grand fracas et du peu d'effet des premières tentatives (1). Bonaparte voulut bien étonner les ennemis les deux premiers jours; mais je crois que ce n'est que le troisième qu'il avait résolu de vaincre. Il manœuvra ce jour-là; les deux autres, il n'avait guère fait que se battre. Les ressources de la science et du talent s'épuisèrent pour préparer le succès; l'extrême valeur fit le reste.

L'armée autrichienne nous vendit chèrement ce laurier, et l'on peut dire que si Bonaparte n'avait combattu jusqu'alors que pour la gloire, il combattit, en cette occasion, pour la vie, pour le salut de son armée : il se mêla, à diverses reprises, dans les rangs des grenadiers et brava vingt fois la mort qui n'osa l'atteindre. Il ne parvint à la victoire, toujours prête à lui échapper, que par des efforts d'héroïsme dont les siècles modernes n'offrent point d'exemple (2).

La Grande Armée.

Le colonel de Lorencez prit, à Saint-Omer, le 3 décembre 1804, le commandement du 46ᵉ de ligne qui venait de s'illustrer à Zurich, Moëskirch, Hochstedt, Hohenlinden; cette tradition ne faisait, du reste, que se perpétuer dans ce corps qui, sous les noms de régiment de Mazarin-Français et régiment de Bretagne, avait, pendant cent cinquante ans, montré à l'Allemagne, aux Flandres, à Candie, à la Corse, à Port-Mahon, à Gibraltar, ses drapeaux aurore et noir, avec croix blanche semée d'hermines, et portant cette fière devise : *Potius mori quam fœdari.*

Le 46ᵉ comptait une gloire de plus : celle de posséder dans

-----

(1) Ces tentatives, selon l'expression du général de Lorencez, eurent lieu les 25 et 26 brumaire an V (15 et 16 novembre 1796). La bataille d'Arcole, proprement dite, fut livrée le 27 brumaire (17 novembre).

(2) Dans ces trois journées, les généraux Verne, Robert, Vaudelin furent tués; les généraux Verdier, Bon, Lannes, Vignolle, Gardanne furent blessés.

ses rangs le cœur du « Premier Grenadier de France ». « Pour
la première fois, raconte la reine Hortense, je vis, à une des
revues du camp de Boulogne, une urne portée en bandoulière
par un grenadier; on m'apprit que l'Empereur, afin d'honorer
la mémoire du brave La Tour d'Auvergne, avait confié au plus
ancien soldat du régiment le cœur du héros renfermé dans une
boîte de plomb, et ordonné que son nom serait prononcé à l'appel
comme s'il était présent.

« Celui qui le portait répondait : « Mort au champ d'hon-
« neur (1). »

Lorsque la troisième coalition força l'Empereur à diriger la
Grande Armée vers l'Autriche, le 46⁰ quitta Boulogne le
29 août 1805, passa le Rhin à Spire et atteignit, par Heilbronn,
Hall, Elwangen et Nordlingen, Donauwœrth où le passage du
Danube fut forcé par la division Vandamme, dont le régiment
faisait partie. Il participa à la capitulation d'Ulm et arriva à
Brunn, ayant parcouru 550 lieues en trois mois.

La veille d'Austerlitz, ce fut un des plus vieux soldats du
colonel de Lorencez, le grenadier Archer, qui dit à l'Empereur,
visitant les bivouacs éclairés par des bottes de paille placées au
bout de perches, au milieu des acclamations enthousiastes des
troupes : « Empereur, tu n'auras pas besoin de t'exposer : je te
promets, au nom des grenadiers de l'armée, que demain nous
t'apporterons les drapeaux et les canons de l'armée russe pour
fêter l'anniversaire de ton couronnement (2). »

Nous sommes au matin d'Austerlitz; laissons parler le général
de Lorencez.   Baron P. DE B.

BATAILLE D'AUSTERLITZ.

(2 décembre 1805.)

A la bataille d'Austerlitz, la division Saint-Hilaire, qui tenait
la droite du 4ᵉ corps (3), attaqua le village de Pratzen et l'em-

---

(1) *La reine Hortense en Italie, en France, en Angleterre, en* 1831. Fragments
extraits de ses *Mémoires* inédits, écrits par elle-même.

(2) Historique du 46⁰ régiment d'infanterie.

(3) Maréchal Soult, commandant en chef; divisionnaires : Saint-Hilaire, Vandamme, Legrand. « Le maréchal Davout était à l'extrême droite en échelons, sur
la communication de Brunn à Vienne, par Nicolsbourg; sa division de droite était
commandée par le général Friant..... Le maréchal Soult avait aussi la droite

porta ainsi que les hauteurs qui le dominent. Un bataillon du 43ᵉ régiment et tout le 55ᵉ (1) se séparèrent de leur division et obliquèrent fortement à gauche, ce qui produisit un vide qui aurait mis la division en grand péril si les Russes avaient su profiter de cette faute. Le maréchal Soult en vit les conséquences et ordonna au 46ᵉ (2), qui se trouvait le plus à sa portée, de combler ce vide. Mon excellent régiment s'y porta, avec son intrépidité accoutumée, disposé en colonnes à demi-distance, sans tirer ; il s'avança ainsi, sous un feu tellement violent que la 2ᵉ compagnie des grenadiers, qui marchait en tête, perdit à elle seule quarante hommes. Le capitaine Heudeline et le sous-lieutenant Cambronne (3) furent tués ; le lieutenant Masson (4) reçut

---

de la partie de l'armée qui était opposée à l'armée russe. Sa division de droite était celle du général Legrand, qui joignait juste les étangs qui le séparaient du général Friant. A la gauche du général Legrand était la division Saint-Hilaire, et à la gauche de celui-ci, celle du général Vandamme. » (*Mémoires du duc de Rovigo,* t. II.)

(1) Le 43ᵉ était commandé par le colonel Raymond Viviès, né à Sainte-Colombe (Aude), le 3 novembre 1763 ; le 55ᵉ, par le colonel Ledru des Essarts. Les deux régiments faisaient partie de la brigade Waré, division Saint-Hilaire.

(2) Brigade Ferrey, division Vandamme.

(3) HEUDELINE (Charles-Jean), capitaine des grenadiers du 3ᵉ bataillon, né à Pré-en-Paille (Mayenne), le 9 décembre 1768, entré au service en 1787, dans le régiment du Maine. La Révolution le trouva caporal, le nomma sous-lieutenant en 1792 et capitaine en 1793 ; il fit toutes les campagnes avec ce grade ; c'était un officier « instruit, intelligent, mais ayant le défaut de s'adonner à la boisson » ; mort à l'hôpital des suites de ses blessures.

CAMBRONNE (Constant), né à Nantes, le 16 août 1778, s'était engagé le 10 juillet 1793, dans le 3ᵉ bataillon de l'Orne. Il passa comme sergent, le 1ᵉʳ brumaire an V, dans la 46ᵉ demi-brigade et fut nommé sous-lieutenant le 26 messidor an XI. Membre de la Légion d'honneur du 18 thermidor an XII. Il servait dans la compagnie que commandait son frère, Jacques Cambronne, né à Nantes, le 26 décembre 1770, devenu le Cambronne de Waterloo.

Nous trouvons, dans le dossier du sous-lieutenant Cambronne, cette lettre du général Nourry, commissaire des guerres, faisant fonctions d'ordonnateur, et relative aux frères Cambronne : « Je recommande au souvenir du général Le Marois le citoyen Cambronne cadet, sergent-major à la 46ᵉ demi-brigade de bataille. Il est très recommandable par lui-même ; déjà, les généraux Delmas et Grandjean avaient demandé pour lui le grade de sous-lieutenant. Le général Lahorie l'a aussi demandé depuis peu, et le général en chef l'a promis diverses fois, tant à cause de son mérite propre, que pour récompenser en quelque sorte le citoyen Cambronne, son frère, capitaine à la même demi-brigade. C'est un officier très distingué et qui a eu la modestie de refuser le grade de chef de bataillon. Cet officier commande la compagnie de grenadiers à la tête de laquelle La Tour d'Auvergne combattit et a été tué. C'est ce même officier qui a si bien tenu, pendant deux ans, la promesse de ne boire ni vins ni liqueurs. » (Arch. adm. Min. de la Guerre.)

(4) MASSON (François), lieutenant de grenadiers, né à Saint-Maurice (Seine-et-Oise), s'engagea en 1793. Promu capitaine après Austerlitz, il dut prendre sa retraite en 1809.

quatre balles et resta estropié. Le reste du régiment ne fut guère
moins maltraité, sans que pour cela son mouvement se ralentit;
au contraire, il se précipita sur la ligne ennemie et la rompit;
puis, il s'empara d'une batterie de six pièces qui nous avait fort
incommodés, prit deux drapeaux et poussa les Russes jusqu'au
bas du vallon d'Austerlitz. Ce mouvement eut pour résultat de
couper l'armée ennemie et fut décisif. Mais, pendant que mon
régiment le terminait si bien, le colonel du 55ᵉ, qui était resté
témoin immobile de l'action, eut l'impudence singulière d'aller
se vanter auprès du maréchal Soult de tout ce que le 46ᵉ venait
de faire; il prétendit avoir lui-même sabré les canonniers sur
leurs pièces. Cette rodomontade aurait dû avoir pour effet de
discréditer ce récit, et la première idée du maréchal devait être
de demander compte à ce colonel du faux mouvement dont nous
avons parlé plus haut, mouvement qui n'avait eu évidemment
pour but que de se soustraire au feu des batteries ennemies.

Malheureusement, on est peu disposé à chicaner dans le
succès. Le colonel fut cru dans les louanges qu'il s'accordait, et,
ce qui le prouve, c'est qu'à la promotion qui suivit la bataille, il
fut nommé général. Quant au pauvre 46ᵉ, il fut même privé
d'une simple mention au Bulletin. On me nomma commandant
de la Légion d'honneur : j'avais été fait officier d'emblée à la création de l'ordre. Ces sortes d'escobarderies ne sont pas, du reste,
aussi rares à la guerre qu'on pourrait le croire; des réputations
bien autrement grandes que celle du général L... (1) n'ont pas eu
d'autre origine. Là, plus qu'ailleurs, la modestie est un métier
de dupes (2).

---

(1) LEDRU DES ESSARTS (François-Roch, baron), né à Chantenay (Sarthe), le 16 août
1765; s'était engagé au 2ᵉ bataillon de volontaires nationaux, devenu la 55ᵉ demi-
brigade, et ne quitta son régiment qu'avec sa nomination de général de brigade.
Général de division le 31 juillet 1811, il fit valoir ses droits à la retraite en 1832 et
mourut, dans sa propriété de Champrosay, le 23 avril 1844.

Le général de Saint-Hilaire le jugeait moins sévèrement que le général de
Lorencez et lui donnait, en l'an XIII, les notes suivantes :

« Commande et administre son régiment de la manière la plus distinguée, dé-
ploie beaucoup de fermeté et de justice dans l'exercice de son autorité; a établi
dans son administration un ordre, une économie et une régularité remarquables.
A su fonder une excellente discipline et une grande subordination; donne, le
premier, une observance rigoureuse dans tous ses devoirs; a montré, dans toutes
les occasions, à la guerre, ce courage soutenu et calme qui caractérise un bon
chef. Mérite toute la bienveillance et la confiance de Sa Majesté. » (Arch. adm. Min.
de la Guerre.)

(2) A la bataille d'Austerlitz, le 46ᵉ régiment eut 40 officiers tués et 9 blessés.
(Tableau des officiers tués et blessés dans les guerres de l'Empire, d'après les tables
nominatives, par A. Martinien.)

BATAILLE D'IÉNA.

(14 octobre 1806.)

Le 4° corps, commandé par le maréchal Soult, se trouvait cantonné en Bavière avant les hostilités.

Il passa le Danube à Ratisbonne et se dirigea, à travers le Haut-Palatinat, sur Bayreuth, d'où il entra en Saxe.

Il était à Géra la veille de la bataille, et ne reçut que tard, dans la journée, l'ordre de se porter sur Iéna. On marcha toute la nuit; la bataille était déjà engagée quand nous arrivâmes sur le terrain (1). Nous y parûmes, du reste, fort à propos et notre coopération fut utile.

C'est, au surplus, une chose détestable que les marches de nuit, et je crois qu'il ne faut en faire que dans le cas de la plus grande nécessité. Outre que rien ne harasse tant le soldat, rien non plus ne favorise tant le désordre.

Nous vîmes aussi ce qui peut résulter de la rivalité des chefs : l'entêtement de Bernadotte à ne pas secourir Davout s'explique par la haine farouche qui existait entre eux (2).

---

(1) Le corps du maréchal Soult arriva sur le champ de bataille à 11 heures du matin; l'action, engagée dès la pointe du jour, avait été suspendue par l'Empereur, vers 9 heures, afin d'attendre l'arrivée d'Augereau sur la gauche et celle de Soult sur la droite.

(2) Le maréchal Davout s'était rendu de sa personne à Naumbourg, auprès du maréchal Bernadotte, et lui avait demandé de réunir leurs deux corps contre l'armée prussienne commandée par le duc de Brunswick. Le prince de Ponte-Corvo, alléguant de vains prétextes, refusa finalement de se joindre au 1er corps. Il quitta Naumbourg pour se porter sur Dorbourg, où sa présence n'était nullement nécessaire. Les ordres de l'Empereur étaient pourtant formels :

« *Au prince de Ponte-Corvo.*

« Wittemberg, 23 octobre 1806.

« Votre corps d'armée ne s'est pas trouvé sur le champ de bataille, et cela eût pu m'être très funeste. Cependant, d'après un ordre très précis, vous deviez vous trouver à Dorbourg, qui est un des principaux débouchés de la Saale, le même jour que le maréchal Lannes se trouvait à Iéna, le maréchal Augereau à Kala et le maréchal Davout à Naumbourg. Au défaut d'avoir exécuté ces dispositions, je vous ai fait connaître dans la nuit que, si vous étiez encore à Naumbourg, vous deviez marcher sur le maréchal Davout pour le soutenir. Vous étiez à Naumbourg lorsque cet ordre est arrivé, et cependant vous avez préféré faire une fausse marche pour retourner à Dorbourg, et par là vous ne vous êtes pas trouvé à la bataille, et le maréchal a supporté les principaux efforts de l'armée ennemie.....

« NAPOLÉON. »

PRISE DE LUBECK ET COMBAT DE SCHWARTAU.

(6 novembre 1806.)

Après la bataille d'Iéna, le 4ᵉ corps fut envoyé à la poursuite du général Blücher (1), que nous ne pûmes atteindre qu'à Lubeck où, comme on le sait, il fut fait prisonnier avec tout son corps d'armée.

Voici, à ce sujet, une anecdote que je garantis : l'échange du général Blücher avec le maréchal duc de Bellune eut lieu à Pitheneau, petit hameau situé sur la Passarge, où j'étais, à ce moment, avec ma brigade. Je donnai à déjeuner à ces deux personnages dans la chaumière que j'habitais.

Le feld-maréchal prussien me demanda si j'avais assisté à la prise de Lubeck et, sur ma réponse affirmative, il me dit : « Sans vouloir contester vos talents, Messieurs, il faut avouer que vous avez un avantage immense dans l'intelligence et l'incroyable activité de vos soldats.

« Je travaillais dans mon cabinet, à Lubeck, lorsque nos postes avancés me firent avertir qu'on apercevait dans la campagne la tête de vos troupes légères. Je ne perdis pas un instant, mais, malgré toute ma diligence, à peine étais-je descendu dans la rue, j'appris que vous aviez repoussé tout ce que nous avions de monde en dehors de la place, et que vous vous disposiez à escalader les remparts.

« En effet, lorsque j'en approchai, je vis que vous les occupiez déjà.

« Vous savez que nous combattîmes dans les rues, moins pour vous faire abandonner vos avantages, que pour protéger notre retraite. Je conçus même l'espoir de faire tourner contre vous cette impétuosité qui vous est naturelle. Pensant que vous me poursuivriez avec ardeur et sans beaucoup d'ordre, j'ordonnai à toute ma cavalerie d'aller prendre position sur le flanc de la route de Travemunde, et de vous attaquer lorsqu'elle vous trouverait suffisamment engagés. Je ne doute pas que cette embus-

---

(1) Avec le corps du maréchal Bernadotte, la cavalerie aux ordres du prince Murat, le 1ᵉʳ hussards et le 7ᵉ chasseurs, commandés par le général Savary, aide de camp de l'Empereur.

cade n'eût obtenu quelque succès ; par malheur, l'endroit désigné, qui avait l'aspect d'un terrain fort uni, se trouva n'être qu'un grand marais où nos chevaux ne purent entrer. »

On aurait pu demander au feld-maréchal comment il avait ordonné une pareille disposition sans avoir fait, au moins, reconnaître le terrain ; mais cette réflexion, qui s'offrit à l'esprit de chacun, ne fut émise par personne ; les convenances s'y opposaient. J'avoue que, depuis ce moment, je conçus une assez médiocre opinion des talents de ce général, et que, malgré la grande réputation qu'on lui a faite depuis, cette opinion n'a pas encore changé. Du reste, pendant l'occupation de la France par les alliés, j'ai eu l'occasion de constater que les officiers généraux prussiens regardaient Blücher comme un excellent soldat, mais comme un général fort ordinaire (1).

Bataille d'Eylau.

(8 février 1807.)

Le 6 février, le 24ᵉ régiment d'infanterie légère (2) paraissant fatigué, et, il faut le dire, rebuté, le maréchal Soult mit le 46ᵉ de ligne à l'avant-garde. Ce corps eut quelques engagements

---

(1) Joignons à cette appréciation celle du maréchal Canrobert, qui m'a dicté les notes suivantes : « Le fameux maréchal Blücher, qui réunissait à un haut degré les qualités du *grand chef de champ de bataille*, ne comprenait pas suffisamment les règles de la stratégie ; et, comme il était paresseux d'esprit, un peu brouillon, emporté, plein de laisser aller, il était inhabile à préparer de grands mouvements stratégiques, à régler, dans leurs détails indispensables, la marche des colonnes. Il se rattrapait sur le champ de bataille, où son coup d'œil sûr, sa grande activité, son rare courage, son influence sur le soldat, faisaient de lui un tacticien de premier ordre. Mais il fallait l'amener sur ce champ de bataille, préalablement choisi, et régler la marche des colonnes.

« Le maréchal laissait la haute direction de ces opérations, rentrant dans le domaine de la stratégie, à son chef d'état-major général, le général Gneissenau, — un des trois organisateurs de l'armée prussienne, — qui, lui, homme froid, instruit, travailleur, actif de pensée et de corps, était, pour ainsi dire, le conducteur du vieux feld-maréchal jusque sur le champ de bataille. Là, il laissait agir Blücher avec toute l'autorité, toute l'expérience que lui donnaient sa nature et sa grande habitude des combats.

« Pendant la campagne de France, le roi de Prusse avait cru devoir retirer à Blücher son chef d'état-major pour l'employer ailleurs. Le maréchal ne tarda pas à s'apercevoir que, sans lui, il ne pouvait conduire son armée, et il écrivit à son souverain : « Sire, vous avez pris ma tête. Au nom de votre service, je « viens vous demander de me la rendre. » Ce qui fut fait et eut pour conséquence d'amener Blücher à Montmartre et à Waterloo ! » — P. DE BOURGOING.

(2) Commandé par le colonel Pourailly.

avec l'arrière-garde russe, prit des bagages, plusieurs caissons, un obusier.

Napoléon comptait coucher le soir même à Landsberg, mais les combats qu'il avait fallu livrer en chemin avaient retardé notre marche; il était nuit noire lorsque nous arrivâmes en vue de cette petite ville. L'armée russe s'y était arrêtée, de sorte qu'on ne jugea pas le moment favorable pour l'obliger à nous céder le logement. On chercha à s'établir presque à tâtons et on s'attendait à une affaire sérieuse pour le lendemain, mais l'ennemi décampa pendant la nuit.

Le 7, on continua à le suivre et on le rencontra enfin, couronnant un plateau, le mamelon de Tenkinten, qui couvrait leur armée ainsi que la ville d'Eylau. Je reçus l'ordre d'emporter ces hauteurs; le 18ᵉ de ligne, commandé par Ravier (1), appuya mon attaque. Ce régiment marchait sur la grande route que j'avais abandonnée pour aborder le plateau de front; mais, au moment où il arriva à notre hauteur, il essuya une charge de cavalerie qui le rompit; la vue de ce désordre pouvant ébranler la fermeté de mon régiment, je me hâtai de faire croiser la baïonnette et ordonnai de battre la charge. L'infanterie russe marchait en même temps sur nous; la mêlée fut vive, mais elle fut courte. Le plateau enlevé, le 46ᵉ s'y maintint malgré une canonnade épouvantable de toute la ligne russe, qui mit le quart de mon monde hors de combat. Cette action était trop brillante pour être attribuée à un petit colonel. Le Bulletin, qui, comme on le sait, ne mentait jamais, en fit honneur à deux grands personnages qui nous avaient regardé faire : le prince Murat et le maréchal Soult. Il est vrai que, pour fermer la bouche au colonel, il fut nommé général de brigade sur le champ de bataille... sans qu'il se crût, pour cela, dédommagé.

---

(1) RAVIER (Jean-Baptiste-Ambroise, baron), né à Arc (Doubs), le 31 décembre 1766, mort le 19 novembre 1828.

Capitaine à la formation du 7ᵉ bataillon du Doubs, le 9 août 1792. Nommé chef du 1ᵉʳ bataillon de la 88ᵉ demi-brigade de ligne. Passé chef de brigade le 30 thermidor an VI. Venu de la 88ᵉ demi-brigade de ligne pour chef de brigade, grade auquel il a été nommé par le général en chef de l'armée d'Orient le 7 floréal an IX. Blessé d'un coup de feu devant Alexandrie (Egypte). Confirmé dans ses deux derniers grades, par arrêté des Consuls, le 10 ventôse an X. Général de brigade le 30 mai 1809. Fait les campagnes de 1810, 1811, 1812, avec la Grande Armée. Prisonnier de guerre à Stettin en 1814.

Voici, au sujet de cette affaire, un épisode que je devrais peut-être supprimer, mais je ne puis résister à la tentation de l'écrire.

Le porte-aigle du 18ᵉ régiment (1) était venu se réfugier dans nos rangs, et, comme il avait l'air de chercher ce que son corps était devenu, un de mes vieux grenadiers, appelé Dardine (2), lui cria : « Camarade ! si vous êtes en peine de votre aigle, placez-vous auprès de notre colonel ; il vous en répondra. » J'ai quelquefois reçu des compliments sur le champ de bataille, mais je confesse que jamais aucun ne me flatta autant que celui-là.

Le 8, les ennemis, que l'on croyait en pleine retraite, nous attaquèrent au point du jour ; l'action fut sanglante et dura toute la journée. Le champ de bataille nous resta, mais il nous coûta cher : Benningsen y avait réuni toutes ses forces, auxquelles l'Empereur n'avait pu opposer que trois corps d'armée sur cinq.

Voici comment cette infériorité peut s'expliquer :

Après le combat livré le 6 février, près de Landsberg, Napoléon s'était persuadé que l'ennemi ne pouvait plus l'attendre que sur Kœnigsberg. Le 1ᵉʳ corps, commandé par le maréchal Bernadotte, devait arriver devant cette ville en suivant le littoral du Frischehaff, et le 6ᵉ, sous le maréchal Ney, avait été laissé à Landsberg, avec ordre d'en partir le 8 au matin, c'est-à-dire le jour même de la bataille, pour chercher, à Kreutzbourg, le corps prussien du général Lestocq. Ce qui est étrange, c'est que cet ordre fut donné après le combat du 7, livré devant Eylau, qui

---

(1) En 1807, les régiments avaient encore une aigle par bataillon, et si le 46ᵉ contribua à sauver une de celles du 18ᵉ, ce régiment eut le malheur de perdre celle de son 1ᵉʳ bataillon dans cette attaque du plateau de Tenkinten. Le 20ᵉ Bulletin, du 9 juillet, s'exprime ainsi à ce sujet :

« L'aigle d'un des bataillons du 18ᵉ régiment ne s'est pas retrouvée ; elle est probablement tombée entre les mains de l'ennemi. On ne peut en faire un reproche à ce régiment ; c'est, dans la position où il se trouvait, un accident de guerre..... »

Le porte-aigle dont parle le général de Lorencez était le sous-lieutenant Meunier, qui reçut, dans cette journée, cinq coups de sabre et deux de baïonnette, fut couvert, à Essling, par les éclats d'un obus qui lui laboura le ventre, et dut prendre sa retraite en 1810.

(2) DARDINE (Noël) est né le 19 mai 1766, à Votém, canton de Liége, département de l'Ourthe, de Antoine et de Marguerite Dépireux. Enrôlé volontairement le 12 prairial an XIII, il fut fait caporal le 30 messidor an XIII et sergent le 16 juin 1807. Membre de la Légion d'honneur le 1ᵉʳ octobre 1807, il fut réformé avec pension le 27 août 1811.

avait mis à découvert la ligne ennemie et nous avait clairement montré que toute l'armée russe était réunie. Mais l'Empereur croyait tellement avoir affaire à une simple arrière-garde, qu'il envoya le général Bertrand (1), son aide de camp, au colonel du 46ᵉ, c'est-à-dire à moi-même, pour lui demander *s'il avait de l'infanterie devant lui.* Je répondis que j'avais devant moi toute l'armée ennemie : j'invitai le général à gravir le plateau de Tenkinten, afin de s'en convaincre ; il ne jugea pas à propos de le faire, et la façon dont il rendit compte de sa mission pourrait peut-être expliquer les dispositions prises plus tard. En tout cas, l'abandon d'Eylau par les Russes confirma l'Empereur dans son opinion ; puis leur vigoureuse mais infructueuse tentative du soir pour reprendre la ville le convainquit qu'une pareille attaque avait pour unique but de masquer un mouvement de retraite.

Le corps du maréchal Ney continua donc sa marche sur Kreutzbourg, pendant que celui du général Lestocq le côtoyait en sens inverse et ralliait l'armée russe derrière Eylau ; de sorte que, tandis que nous disséminions nos forces, l'ennemi concentrait les siennes.

Le maréchal ne trouvant plus les Prussiens à Kreutzbourg, s'assura de la direction qu'ils avaient prise et se mit à leur poursuite ; mais, malgré la rapidité de sa marche, il ne put les atteindre et n'arriva qu'à la nuit sur le champ de bataille.

Qu'on me permette encore quelques lignes sur cette sanglante journée.

Le 3ᵉ corps (2) était resté en échelons, assez loin du champ de bataille où il ne parut que vers trois heures ; le 7ᵉ corps (3), qui suivait la route directe, y arriva plus tôt, mais on peut dire qu'il ne fit que paraître et disparaître, ce qui mérite une explication.

---

(1) BERTRAND (Henri-Gatien, comte) naquit le 28 mars 1773, à Châteauroux, entra au service comme sous-lieutenant à l'Ecole du génie, le 11 septembre 1793. Il accompagna l'Empereur à l'île d'Elbe et à Sainte-Hélène. Le 7 mars 1816, Bertrand fut condamné à mort par contumace ; à son retour, en 1821, Louis XVIII annula le jugement.

Le général Bertrand mourut le 5 janvier 1844 ; son corps fut déposé aux Invalides le 15 mai 1847. Il avait épousé une fille du général Arthur Dillon.

(2) Commandé par le maréchal Davout.

(3) Commandé par le maréchal Augereau.

Ce corps ne comprenait que deux faibles divisions. Pour arriver sur l'ennemi, il avait à traverser la ville d'Eylau, véritable défilé à la sortie duquel le déploiement était difficile, les Russes en occupant les débouchés de fort près.

Les deux divisions, qui présentaient un effectif de 10 à 12,000 hommes, s'engagèrent dans la ville, formées sur une seule colonne n'ayant qu'une vingtaine de files de front. Le vieux général Desjardins (1) marchait en tête. Comme un bon soldat qu'il était, il ne cherchait qu'à pousser en avant, sans s'occuper du reste. Le maréchal Augereau (2), usé et vieilli avant l'âge, avait perdu son coup d'œil et cette vigueur qui avaient fait sa gloire : il laissait faire.

Pourtant, cette longue colonne, qui, comme celle de Fontenoy, était née du hasard, obtenait le même succès. L'ennemi perdait du terrain et avait même retiré son artillerie; il n'y avait plus qu'à le suivre, car le plus difficile était fait. Ce fut à ce fatal moment, alors qu'il ne s'agissait plus que de frapper, que le général Desjardins eut l'idée de s'arrêter et de faire déployer.

Les militaires savent que le déploiement d'une colonne aussi profonde demande trop de temps pour être praticable sous le feu : ce déploiement ne put s'achever. Les Russes eurent le temps de se reprendre; leur artillerie revint se mettre en ligne et foudroya les malheureux que l'on faisait manœuvrer si mal à propos. La cavalerie, qui avait beau jeu, compléta le désordre; les deux divisions disparurent du champ de bataille en un clin d'œil.

Il y aurait injustice à attribuer à l'Empereur cet échec dont nous ne pûmes nous relever.

---

(1) JARDIN (Jacques, dit Desjardins), né à Angers le 18 février 1759, enrôlé au régiment de Vivarais-Infanterie le 5 février 1790; nommé, le même mois, chef instructeur par la garde nationale d'Angers, et lieutenant-colonel du bataillon de volontaires de ce régiment en août 1792. Nommé général de brigade et général de division en 1793. Il commanda les divisions de droite de l'armée du Nord sur la Sambre, l'armée des Ardennes et, pendant quelque temps, en 1794, l'armée de Sambre-et-Meuse. Employé en Batavie de 1797 à 1800, on le plaça en disponibilité le 1er octobre 1801. Le 28 février 1804, il reçut un commandement au camp de Brest et, le 29 août 1805, il fut placé à la tête de la 1re division du 7e corps de la Grande Armée.

Le général Desjardins mourut à l'ambulance de Landsberg, le 11 février 1807, des blessures reçues à Eylau le 8 février.

(2) Il n'avait que cinquante ans !

Napoléon avait conçu en Italie, et non sans raison, une haute idée des talents militaires du maréchal Augereau, surtout de son intrépidité. L'affaissement moral de ce soldat fut un véritable phénomène ; le fait est qu'il s'était survécu à lui-même, qu'il n'était plus capable de rien. Une sorte de jactance, qui lui était naturelle, dissimulait encore, à ceux qui ne le voyaient pas de près, à quel point il était déchu (1).

L'Empereur l'ignorait ; et, d'ailleurs, l'opération dont le maréchal était chargé n'exigeait pas des combinaisons savantes, puisqu'il ne s'agissait que d'appliquer une des premières règles du métier.

Il est certain que la formation de tout un corps d'armée sur une seule colonne est mauvaise parce que, en cas d'échec, on reste sans ressource pour y remédier.

Ce n'est pas de cette formation, quelque vicieuse qu'elle puisse être, que nous prétendons faire un reproche à Augereau, car, ainsi que nous l'avons dit, son corps, en débouchant entre les divisions Saint-Hilaire et Legrand (2), ne trouvait devant lui qu'un espace très resserré. On peut donc dire que cette formation en colonne fut fortuite, ou plutôt, une question de nécessité. La véritable faute, la faute irrémédiable, fut de permettre à la division Desjardins de s'arrêter et d'essayer un déploiement. Il

---

(1) Les appréciations de l'Empereur sur le maréchal Augereau ne sont pas moins sanglantes que celles du général de Lorencez. « Depuis longtemps, chez lui, a dit Napoléon à Sainte-Hélène, le maréchal n'était plus le soldat ; son courage, ses vertus premières, l'avaient élevé très haut hors de la foule : les honneurs, les dignités, la fortune l'y avaient replongé. Le vainqueur de Castiglione eût pu laisser un nom cher à la France, mais elle réprouva la mémoire du défectionnaire de Lyon. »

(2) LEGRAND (Claude-Juste-Alexandre, comte), né le 23 février 1762, à Plessier-sur-Saint-Just (Clermontois). Soldat au régiment Dauphin le 16 mars 1777, congédié comme sergent-major le 30 avril 1790, il s'enrôle, la même année, dans la garde nationale de Metz, est général de brigade le 20 septembre 1793 et général de division en avril 1799.
Il fait toutes les campagnes de 1793 à 1801, aux armées de la Moselle, de Sambre-et-Meuse, d'Allemagne, de Mayence, d'Angleterre, du Danube, d'Helvétie, du Bas-Rhin et du Rhin. En 1803 et 1804, il est au camp de Saint-Omer ; de 1805 à 1808, en Autriche, en Prusse, en Pologne ; en 1809 et 1810, à l'armée d'Allemagne ; en 1812, à la Grande Armée. Blessé grièvement à l'épaule droite, près de Stadkowo, le 26 novembre 1812, le général Legrand ne se rétablit jamais de sa blessure et fut employé à l'intérieur. L'Empereur le fit sénateur en 1813. Louis XVIII le nomma pair de France en 1814. Il mourut le 9 janvier 1815.
Il avait épousé, le 21 mai 1811, une des filles du général Schérer ; ses témoins étaient le duc de Feltre, ministre de la Guerre, et le maréchal Lefebvre.

fallait l'obliger à poursuivre son mouvement dans l'ordre où elle était, et à fournir sa charge à fond. On aurait dû, en même temps, disposer en seconde ligne la division Heudelet (1), en colonne par régiments à demi-distance, comme l'ordre le plus favorable, soit pour se porter en avant, soit pour se former en carrés au besoin, soit pour laisser un passage à notre cavalerie ou laisser écouler la première division, si elle était ramenée.

Voilà, à notre avis, ce que le maréchal Augereau aurait dû faire : au lieu de cela, il se plaignit d'avoir été déshonoré, sacrifié. C'est dans ces dispositions qu'il rentra en France, déclamant partout contre l'Empereur qui, lui, par une politique plus habile, le, relevait dans l'opinion en le citant au Bulletin et lui faisant l'honneur d'une résolution qu'il n'avait pas montrée (2).

Le 9, lorsque le jour parut, nous fûmes agréablement surpris de voir que les Russes et les Prussiens avaient disparu. On les fit suivre par la cavalerie, jusque sur la Freshing, mais seulement pour les observer (3).

Le 6ᵉ corps nous avait rejoints le 8, à la nuit close ; il était intact, comme le 1ᵉʳ corps qui s'était également rapproché. J'étais persuadé alors, et je le suis encore, que nous aurions dû poursuivre l'ennemi épuisé par l'effort qu'il venait de faire, et que nous aurions réussi à le jeter au delà du Niémen.

Napoléon rassembla les maréchaux, chose qui lui était peu ordinaire et qui, pour le dire en passant, annonçait qu'il était lui-même *étonné*. On sait que rien n'est aussi rare que de voir une résolution hardie sortir de ces réunions. Ce fut le conseil le plus timide qui prévalut : après avoir laissé l'armée autour d'Eylau pendant quelques jours, on la replia derrière la Pas-

---

(1) HEUDELET (Étienne, comte), né le 13 novembre 1770, à Dijon, engagé dans les volontaires de la Côte-d'Or le 3 août 1792, général de brigade le 5 février 1799, général de division le 24 décembre 1805 ; blessé à Eylau, mort à Paris le 20 avril 1857.

(2)   « Osterode, 28 février 1807.

« ..... A la bataille d'Eylau, le maréchal Augereau, couvert de rhumatismes, était malade et avait à peine connaissance ; mais le canon réveille les braves : il revole au galop à la tête de son corps, après s'être fait attacher sur son cheval. Il a été constamment exposé au plus grand feu et a même été légèrement blessé. L'Empereur vient de l'autoriser à rentrer en France, pour soigner sa santé. » (XXVᵉ Bulletin.)

(3) Le 46ᵉ avait eu 8 officiers tués et 10 blessés. — A. MARTINIEN.

sarge, et il fallait bien la laisser derrière cette petite rivière qui n'offre aucune défense, parce que, autrement, il aurait fallu passer la Vistule.

On fit le siège de Dantzig qui finit par être pris, mais où nous laissâmes voir notre infériorité dans l'attaque des places. Ce n'est qu'en Espagne, sous les Rogniat et les Haxo, que nous avons repris, dans cette branche si importante de l'art de la guerre, notre ancienne supériorité.

Nous restions fort tranquilles dans nos positions de la Passarge, lorsque, le 5 juin, les ennemis tentèrent une attaque contre le 6ᵉ corps posté à Gulstadt, où il formait une pointe qui l'exposait à être enlevé.

Les Russo-Prussiens firent des démonstrations en même temps sur tous les points, afin de nous donner le change sur leur véritable dessein. Il n'était pourtant pas difficile de le pénétrer, mais les voisins du maréchal Ney n'eurent pas l'air de le soupçonner et Ney fut abandonné à lui-même. Assurément, c'est un des plus beaux traits de sa vie que d'avoir su, sans se laisser entamer, d'abord rallier son corps d'armée, partagé en petits paquets, sur une ligne fort étendue ; ensuite, disputer le terrain, pied à pied, à des forces triples auxquelles il fallut deux jours de combat pour repousser le 6ᵉ corps jusque derrière la Passarge (1), à Ankendorf, où il se trouva en ligne avec le reste de l'armée.

Napoléon, réveillé par une tentative aussi sérieuse, mit aussitôt tous ses corps en mouvement. Nous passâmes la Passarge et, le 9 juin, nous nous trouvâmes en présence de l'armée russe en position devant Heilsberg.

---

(1) Les Français, passés maîtres dans l'art de la guerre, résolurent, en ce jour, le problème si difficile d'entreprendre, sous les yeux d'un ennemi de beaucoup plus fort et pressant vivement, une retraite indispensable, et de la rendre le moins préjudiciable possible. Ils s'en tirèrent avec le plus grand savoir-faire. Le calme et l'ordre, et en même temps la rapidité qu'apporta le corps de Ney à se rassembler au signal de trois coups de canon ; le sang-froid et la circonspection attentive qu'il mit à exécuter sa retraite, pendant laquelle il opposa une résistance renouvelée à chaque pas, et sut tirer parti, en maître, de chaque position, tout cela prouve le talent du capitaine qui commandait les Français, et l'habitude, de la guerre, portée chez eux à la perfection, aussi bien que l'auraient pu faire les plus belles dispositions et la plus savante exécution d'une opération offensive.

Pour attaquer avec succès, comme pour opposer une résistance régulière dans une retraite, il faut de rares qualités, il faut des vertus difficiles à pratiquer, et pourtant il est nécessaire que tout cela soit réuni dans le même personnage pour former un grand capitaine. — PLOTHO.

BATAILLES D'HEILSBERG (1) ET DE FRIEDLAND.

(10 juin 1807. — 14 juin 1807.)

L'Empereur montrait déjà cette impatience qui, depuis, lui a été si funeste. A peine la tète de son armée était-elle arrivée en présence des Russes de Benningsen dont la position, couverte par un ravin, était retranchée, qu'il lança à l'attaque deux divisions du 4° corps. La deuxième division, sous les ordres du général Carra-Saint-Cyr (2), ne passa pas le ravin et fut à peine engagée.

Je commandais, depuis Eylau, une brigade de la division Saint-Hilaire (3). Cette division aborda l'ennemi avec tant de vigueur qu'elle obtint d'abord un succès marqué; on s'empara des redoutes qui couvraient le front de la ligne ennemie, mais il se trouva qu'elles étaient complètement ouvertes à la gorge; par

---

(1) La journée d'Heilsberg avait été précédée des combats de Spandau, Lomitten, Deppen et Gulstadt.

(2) **CARRA DE SAINT-CYR** (Jean-François, comte), né à Lyon le 27 décembre 1756. Sous-lieutenant dans Bourbonnais-Infanterie le 21 mars 1774; il fit la guerre d'Amérique de 1780 à 1783, comme lieutenant dans ce régiment, fut nommé capitaine à son retour en France, le 19 mai 1785, reçut un emploi de commissaire des guerres la même année, en remplit les fonctions dans le Languedoc, à Rochefort, à Philippeville, au Quesnoy, et prit sa retraite le 1er mars 1792, « pour raison de santé ».

Saint-Cyr rentra au service en janvier 1793, comme volontaire au 3° bataillon des volontaires nationaux de Rhône-et-Loire, et fut nommé, la même année, aide de camp du général Aubert-Dubayet, qu'il suivit en 1796, comme général de brigade, dans son ambassade à Constantinople. Il revint en France en 1798, pris part aux campagnes de 1799, 1800, 1801, en Italie, fut nommé général de division le 27 avril 1803 et fit les campagnes de 1805, 1806, 1807, à la Grande Armée. Jusqu'en 1814, le général Carra de Saint-Cyr commanda la 2° division du corps d'observation du Rhin (1809), la place de Dresde, la 1re division du 11° corps de l'armée d'Allemagne, la 32° division militaire à Hambourg, la 1re division du corps d'observation de l'Elbe, la 3° division du 1er corps de la Grande Armée (armée du Nord).

A la Restauration, il sollicita de Louis XVIII un commandement dans les colonies, « en compensation des injustes persécutions qu'il avait éprouvées sous le précédent règne ». Il était pourtant grand-officier de la Légion d'honneur, il avait reçu le titre de comte et une forte dotation. — On le nomma gouverneur de la Guyane, d'où il revint le 24 juillet 1819.

Le général Carra de Saint-Cyr, qui avait été breveté sous-lieutenant sous Louis XV, avait, lorsqu'il fut retraité par ordonnance du 5 avril 1832, 72 ans 8 mois 7 jours de service.

Il mourut à Wailly (Aisne), le 5 janvier 1834.

(3) La division Saint-Hilaire comprenait la brigade Bugel (36° et 14° régiments) et la brigade Lorencez (43° et 55° régiments).

le fait, elles n'étaient que de grands redans. En y entrant, avec
la confusion inhérente à une charge un peu vive, nous fûmes
tout à coup foudroyés par un feu d'artillerie effroyable auquel
nous ne pouvions répondre, la nôtre étant engagée dans un chemin creux et n'ayant pu nous suivre. Nous parvenions pourtant
à nous maintenir, lorsque notre cavalerie, vigoureusement ramenée par celle des Russes, laissa notre flanc gauche à découvert.
Toute cette nuée de chevaux se précipita aussitôt sur nous ; il en
résulta quelque désordre. Cependant, comme j'avais fait former
le 55ᵉ en carré, il résistait ainsi à tous les efforts de la cavalerie
ennemie.

J'ai dit que notre artillerie était engagée dans un chemin
creux ; je songeai alors au danger qu'elle courait et fis appeler
le commandant Séruzier (1) qui la commandait ; je m'étais
éloigné de cinquante pas du carré, pour lui ordonner de prendre
position en arrière, et je lui expliquais mes intentions, lorsque je
fus abattu sous mon cheval, tué par un boulet. Par malheur, le
brave Périer (2), colonel du 55ᵉ, fut au même instant tué d'un
coup de fusil au milieu de son carré. En ce fatal moment, un
chef de bataillon nommé Robillard (3), fort brave homme d'ailleurs, eut la déplorable idée de faire rompre le carré pour effectuer sa retraite en colonne. Je conviens que la place n'était plus

(1) SÉRUZIER (Jean-Théodore-Joseph, baron), né à Charmes (Aisne), le 22 mars
1769, s'enrôla le 11 juin 1789, au régiment de Toul, devenu le 7ᵉ régiment d'artillerie. Séruzier fut nommé lieutenant en second au 7ᵉ d'artillerie légère le
20 juin 1794, passa au 5ᵉ d'artillerie à cheval le 21 janvier 1802, fut nommé chef
d'escadrons le 12 janvier 1807, colonel le 29 janvier 1812. Prisonnier pendant la
retraite de Russie, il ne rentra de captivité que pour être mis en demi-solde par
la Restauration. L'Empereur l'envoya, le 19 avril 1815, à Toulon, comme directeur
du parc d'artillerie. Le 9 décembre 1815, il fut de nouveau mis en non-activité ;
retraité l'année suivante, il mourut à Château-Thierry, le 10 août 1825. Dans
l'armée, Séruzier était surnommé « le Père aux Boulets » et « Jupiter Moustache ».
L'Empereur, en lui parlant, l'appelait familièrement : « Mon vieux Séruzier ».

(2) PÉRIER (René), né à la Sauvagère (Orne), le 14 juin 1768, fut nommé capitaine le 15 septembre 1792, à la formation du 15ᵉ bataillon de volontaires qui
servit à former le 36ᵉ régiment de ligne. Il passa chef de bataillon en l'an VII
dans le même régiment, et devint major au 18ᵉ régiment le 10 juillet 1806.

Périer était colonel du 55ᵉ régiment depuis le 4 mars 1807, lorsqu'il fut tué à
Heilsberg, à 5 heures du soir.

(3) Blessé grièvement d'un coup de feu à la jambe.

ROBILLARD (Jean-Michel) était né à Bellegarde (Loiret), le 8 juin 1768. Il entre
au service comme soldat dans le régiment de la Guadeloupe, le 14 avril 1788. Chef
de bataillon au 55ᵉ régiment en 1804, il fut nommé colonel du 101ᵉ le 28 janvier 1813 et commandeur le 22 juin de la même année. La première Restauration le

tenable, mais rien n'était si simple que de reculer dans la formation en carré ; la cavalerie russe voyant notre fausse manœuvre, profita de l'occasion, pénétra dans nos rangs, enleva une aigle à ce bon régiment dont la belle conduite ne méritait pas un pareil affront.

J'étais à pied, et, de plus, je venais de recevoir une balle à l'oreille ; malgré cela, je me sentis encore en état d'ordonner et de diriger la retraite, qui se fit sans autre perte, et avec plus d'ordre que je n'osais l'espérer. La nuit survint ; un bois se trouva fort à propos à notre gauche pour nous abriter ; en peu d'heures, tout mon monde fut rallié.

Pendant que j'exécutais ma retraite, j'avais à côté de moi les 36ᵉ et 43ᵉ régiments, qui appartenaient à une autre brigade (1) ; je remarquais avec chagrin que les colonels de ces deux régiments s'efforçaient de retenir leurs hommes en tête de la ligne, alors que tout fuyait derrière eux. Je pris sur moi d'envoyer au colonel Berlier (2) l'ordre de gagner, au plus vite, la tête des fuyards et de ne songer à rallier son régiment que hors de la portée du feu. Je le chargeai de transmettre cet ordre à son voisin ; grâce à cette mesure, ces deux corps furent sauvés.

En général, lorsque le désordre et la terreur ont atteint un certain degré, rien n'est plus inutile que de s'obstiner à retenir quelques hommes en tête, tandis que tout le reste vous échappe.

A mon avis, le seul parti à prendre en pareil cas est celui

---

plaça en non-activité, avec demi-solde de son grade, et, le 9 mars 1815, il reçut l'ordre d'aller à Orléans pour organiser les volontaires royaux du Loiret ; ce corps fut aussitôt licencié, et Robillard se hâta d'offrir ses services à l'Empereur : il fut envoyé à Lyon. La deuxième Restauration le remit en demi-solde et le retraita le 29 mars 1846. Il mourut à Fontainebleau en 1851.

(1) Le 36ᵉ, colonel Berlier ; le 43ᵉ, colonel Henriod. Général de brigade Buget.

(2) Berlier (Pierre-André, baron) naquit le 10 octobre 1769 à Crest (Drôme), et fut élu, le 15 juin 1792, lieutenant de grenadiers au 4ᵉ bataillon de volontaires nationaux de la Drôme. Capitaine aux chasseurs à pied de la garde des Consuls le 21 janvier 1804, il était, l'année suivante, chef de bataillon au 2ᵉ régiment de chasseurs à pied de la garde impériale. Le 20 octobre de l'année suivante, il reçut le commandement du 36ᵉ régiment d'infanterie. De 1811 à 1813, il servit en Portugal et en Espagne comme général de brigade. Mis en disponibilité par la première Restauration, il reçut, pendant les Cent-Jours, le commandement du département de la Drôme. Placé en non-activité le 14 septembre 1815, il mourut à Valence, le 14 août 1848. Le général Berlier avait reçu un coup de feu à la tête, à la bataille de Moëskirch (5 mai 1800), deux coups de feu à l'épaule gauche, à Eylau, un coup de feu à la même épaule, à la bataille de Toulouse.

que je prescrivis en cette occasion ; ce n'est, du reste, pas la seule fois où je l'ai employé et je m'en suis toujours bien trouvé.

Cet inutile combat nous coûta fort cher ; ma brigade, qui comptait 2,800 baïonnettes, fut réduite à 1,200 (1), perte immense qui, heureusement, ne se trouva pas ailleurs dans les mêmes proportions. M. Micheler (2), officier d'une grande espérance, l'un de mes aides de camp, fut au nombre des morts ; mon valet de chambre lui-même reçut une balle à la jambe.

Dès que les Russes eurent abandonné Heilsberg, l'Empereur mit son armée en marche dans la direction de Preussich-Eylau, et, convaincu que l'ennemi ne nous attendrait plus que derrière la Prégel, il résolut d'y arriver avant lui.

Toutes les troupes reçurent l'ordre de se diriger sur Kœnigsberg. Cette combinaison faillit nous être funeste.

Les Russes avaient mis la Alle entre nous et eux et marchaient parallèlement à notre flanc droit ; leur route étant plus longue que la nôtre, nous devions arriver avant eux sur la Prégel. Ainsi, sous ce rapport, notre calcul n'était pas mauvais ; mais, soit qu'ils se fussent aperçus qu'ils essayeraient inutilement de nous gagner de vitesse, soit qu'un mouvement aussi hasardé que le nôtre les tentât, ils se présentèrent le 14 juin à Friedland pour y passer la Alle.

Nous n'avions à ce moment, sur ce point, que deux divisions d'infanterie commandées par le comte Oudinot ; tout le reste de l'armée arrivait le même jour devant Kœnigsberg ou était en marche pour s'y rendre.

---

(1) Pertes de la brigade Lorencez : 43e régiment : 13 officiers blessés, dont le colonel Bossin.

55e régiment : 4 officiers tués, 15 officiers blessés.

Pertes de la brigade Buget : 36e régiment : 8 officiers tués, 18 officiers blessés.

14e régiment : 1 officier tué, 31 officiers blessés, dont le colonel Henriod.

A. Martinien.

(2) Micheler (Louis-Jean-Baptiste), né à Phalsbourg le 10 octobre 1777, engagé volontaire au 10e bataillon de la Meurthe le 10 août 1793, passé à la 46e demi-brigade le 30 décembre 1791, caporal le 25 octobre 1798, sergent le 17 septembre 1799, sous-lieutenant le 28 août 1800, « en récompense de sa bravoure, de sa bonne conduite et de la manière distinguée dont il s'est comporté dans les différentes affaires », aide de camp du général de Lorencez le 30 janvier 1807, décédé à Guistadt, le 21 juin 1807, des suites de blessures reçues à Heilsberg.

Le 4ᵉ corps, auquel j'appartenais et qui s'était dirigé sur Kreutzbourg, avait déjà attaqué la ville, et ses tirailleurs s'étaient logés dans quelques maisons du faubourg.

On sait que l'Empereur revenait difficilement sur son opinion; lorsqu'on vint l'informer de l'attaque des Russes, il persista à croire que cette attaque n'était pas sérieuse et il ne voulut y voir qu'une démonstration sans importance, n'ayant pour but que de lui donner le change et de retarder sa marche.

Comme il ne pouvait, toutefois, ignorer qu'Oudinot n'était pas homme à prendre l'alarme pour peu de chose, il envoya le maréchal Lannes sur le lieu du combat. Celui-ci ayant confirmé les premiers rapports, force fut d'ordonner une contremarche et de rappeler les troupes, déjà fort éloignées. Leur retour demanda du temps et ce fut un prodige qu'Oudinot pût, avec une poignée d'hommes, contenir aussi longtemps une armée brave et nombreuse.

Par bonheur, le général de Nansouty (1), averti par le canon, accourut de sa propre initiative avec sa belle division de cuirassiers.

Jamais secours n'arriva plus à propos, et, il faut le dire, un

---

(1) Nansouty (Etienne-Antoine-Marie Champion, comte de), né à Bordeaux le 30 mai 1768, appartenait à une famille noble; son père, après avoir longtemps servi dans le régiment de Bourgogne, avait reçu la majorité du château de Trompette (Gironde). Nansouty, entré à l'âge de treize ans à l'Ecole militaire, où il obtint l'ordre du Mont-Carmel, cadet-gentilhomme à la compagnie de l'Hôtel de l'Ecole militaire de Paris en 1783, obtint une sous-lieutenance au régiment de Bourgogne-Infanterie en 1785, et passa capitaine dans le régiment de Franche-Comté-Cavalerie, avec la protection de la maréchale de Beauvau (1788); il passa, en 1791, aux hussards de Lauzun et fut nommé colonel du 9ᵉ régiment de cavalerie le 4 avril 1792. Depuis cette époque, ses services peuvent se résumer ainsi :

Général de brigade employé à l'armée du Rhin le 29 août 1799. — Général de division le 24 mars 1803. — Commandant la 1ʳᵉ division de cavalerie de la Grande Armée (29 août 1805). — Premier chambellan de l'Impératrice (1805). — Premier écuyer de l'Empereur (1808). — Commandant la division de réserve de grosse cavalerie à l'armée d'Allemagne (1809). — Inspecteur général de cavalerie (1811). — Commandant le 1ᵉʳ corps de réserve de cavalerie de la Grande Armée (avril 1812). — Colonel général des dragons (16 janvier 1813). — Commandant la cavalerie de la garde impériale (29 juillet 1813). — Inspecteur général des dragons (14 juillet 1814). — Capitaine-lieutenant de la 1ʳᵉ compagnie des mousquetaires (6 juillet 1814).

Le général de Nansouty mourut à Paris, des suites de ses blessures et des fatigues de la guerre, le 12 février 1815; il avait été blessé à la Moskowa, à Hanau, à Craonne, à Montmirail.

Il avait épousé, en 1801, Jeanne-Françoise-Adélaïde Gravier de Vergennes, fille de Charles Gravier, marquis de Vergennes, chevalier, conseiller du Roi en tous ses conseils, décédé, et de Elisabeth-Adélaïde-Françoise de Bastard.

pareil trait de bon voisinage est assez rare à la guerre pour qu'il soit honorablement cité. Il est d'autant plus digne d'éloge qu'il est loin d'être sans danger pour son auteur, car, avec un maître aussi peu indulgent que l'était Napoléon, si l'événement n'en avait pas justifié la nécessité, le général eût été perdu.

On sait le reste; en échouant dans leur entreprise et en perdant une bataille où toutes les chances se trouvaient de leur côté, les Russes ne purent s'arrêter sur la Prégel où ils étaient devancés; ils se retirèrent derrière le Niémen, où la paix fut conclue (1).

ARMÉE D'ALLEMAGNE

Bataille de Thann (2).

(19 avril 1809.)

Parti le 12 avril de Paris, l'Empereur arriva, le 19, à Donauwœrth, et ordonna aussitôt la concentration de son armée.

Le corps du maréchal Davout qui, par le nombre et la qualité de ses troupes (3), formait le fond de notre armée d'Allemagne, passa, de nuit, le Danube à Ratisbonne, y laissant comme garnison le 65° régiment de ligne, ce qui n'était pas suffisant, vu l'importance de cette position et le rôle qu'elle pouvait être appelée à jouer.

Pour faire notre jonction avec Napoléon, qui avait débouché par Abensberg avec quelques troupes françaises et les contingents bavarois et wurtembergeois, nous avions à traverser le défilé réunissant Abbach à Post-Saal, opération d'une exécution délicate, étant donnée la proximité de l'armée autrichienne; cette opération fut entreprise, du reste, trop tardivement et les

---

(1) La paix fut signée le 7 juillet entre la France et la Russie, le 9 entre la France et la Prusse.

(2) Cette journée, que le Bulletin appelle : « bataille de Thann », est connue aussi sous le nom de : « combat de Fengen ».

(3) Il se composait, le jour de Thann, des divisions Morand, Saint-Hilaire, Gudin et Friant. Le général de Lorencez commandait la 1re brigade de la division Saint-Hilaire.

hésitations du prince de Neuchâtel manquèrent la faire échouer. Le maréchal Berthier commandait en l'absence de l'Empereur. A chaque moment, nous pouvions constater et son inquiétude et l'incertitude de ses projets (1) : un jour, il nous faisait occuper Ratisbonne; le lendemain, il nous repliait derrière la Naab; cette dernière ligne était, au fond, la seule qui permît d'opérer une concentration avec quelque avantage.

Notre anxiété était grande, car l'ennemi nous serrait chaque jour davantage, notre position devenait de plus en plus critique. Les simples soldats, eux-mêmes, s'étonnaient de toutes ces contre-marches et commençaient à s'en inquiéter.

Enfin! un ordre du jour rendit la confiance à tout le monde; il annonçait la présence de l'Empereur, qui, à peine arrivé à Donauwœrth, et justement effrayé de notre situation, se hâtait de nous en tirer en venant à notre rencontre.

Nous le répétons, le trajet que nous avions à faire offrait de grandes difficultés, mais il n'y avait pas à choisir, car, en manœuvrant sur la rive gauche du Danube, l'armée restait coupée en deux et exposée à tous les inconvénients qui ont signalé la campagne de 1796. La route de Nuremberg était d'ailleurs fortement occupée; enfin, en plus des forces que nous avions à combattre de front pour gagner la Rednitz, nous aurions eu affaire à l'armée de l'archiduc Charles (2) qui n'était qu'à une journée de marche de Ratisbonne, où il aurait franchi le fleuve derrière nous, nous resserrant entre lui et l'armée de Bohême. On ne peut prévoir ce que nous serions alors devenus! En passant sur la rive droite, nous n'avions au moins à lutter que contre

---

(1) « Berthier avait une grande activité et il était d'un caractère indécis, peu propre à commander en chef, mais possédant toutes les qualités d'un bon chef d'état-major. Il connaissait bien la carte, était rompu à présenter, avec simplicité, les mouvements les plus composés d'une armée... » (Montholon, t. III.)

« Berthier n'était pas sans talents, mais ses talents et son mérite étaient spéciaux et techniques. L'Empereur, dans ses campagnes, avait Berthier dans sa voiture. C'était pendant la route que l'Empereur, parcourant les livres d'ordre et les états de situation, arrêtait des plans et ordonnait des manœuvres. Berthier exécutait les ordres et les différents détails avec une précision et une promptitude admirables. » (Las-Cases, t. Ier.)

(2) CHARLES (Charles-Louis-Joseph-Jean-Laurent, le prince), archiduc d'Autriche, troisième fils de l'empereur Léopold II et de Marie-Louise, fille de Charles III, roi d'Espagne, naquit à Vienne le 5 septembre 1771. Sa dernière bataille fut celle de Wagram; il vécut dans la retraite, s'occupant à retracer, avec la plume, les grandes choses qu'il avait exécutées avec l'épée. Mort à Vienne en 1847.

une seule de ces armées. Il fallait, il est vrai, courir la chance d'un combat, dans une situation très désavantageuse, c'est-à-dire pendant une marche de flanc, et, ce qui est pis, dans un défilé. Je me souviens qu'en en parlant avec le colonel du 10ᵉ léger, le colonel Berthezène (1), celui-ci me rappela les « Fourches caudines ». L'analogie existait; mais, à la guerre plus qu'ailleurs, il est des cas où il faut fermer les yeux et prendre un parti. Or, de tous les défauts que puisse avoir un général, l'irrésolution étant le pire, il faut reconnaître que Napoléon en était exempt, car non seulement il n'hésitait pas sur le parti à prendre, mais il choisissait presque toujours le meilleur.

L'armée s'engagea donc dans le défilé, marchant en colonne, et avec les plus grandes précautions. Deux divisions, celles de Morand et de Gudin (2), l'avaient déjà heureusement franchi,

(1) BERTHEZÈNE (Pierre, baron), né à Vendargues (Hérault), le 24 mars 1775, soldat au 5ᵉ bataillon de l'Hérault le 15 septembre 1793, sous-lieutenant le 8 juin 1794, lieutenant le 7 novembre 1795, fut nommé capitaine, sur le champ de bataille de Modène, le 12 juin 1799; l'année suivante, une nouvelle action d'éclat lui valut le grade de chef de bataillon. Le 10 février 1807, il reçut le grade de colonel et le commandement du 10ᵉ régiment d'infanterie légère; le 6 août 1811, il fut nommé général de brigade et l'Empereur le désigna, au mois d'octobre de la même année, pour commander l'île de Walcheren. Ce commandement ne pouvait convenir à l'activité de Berthezène, qui sollicita aussitôt un autre emploi : « Mon âge et la forte constitution dont je jouis semblent pouvoir me mettre à même de servir S. M. l'Empereur d'une manière plus utile. » Il fut nommé adjudant général dans la Garde impériale et commanda trois régiments de ladite Garde en 1812.

Général de division le 4 août 1813, Berthezène fut désigné pour commander la 44ᵉ division d'infanterie au 14ᵉ corps de la Grande Armée; il dut capituler dans Dresde, le 11 novembre 1813, et rentra de captivité en juillet 1814. La Restauration le mit en disponibilité. Le maréchal Soult obtint qu'on l'appelât au Comité de la guerre; mais, pendant les Cent-Jours, il s'attacha à la fortune de son ancien souverain et fut placé à la tête de la 11ᵉ division d'infanterie du 3ᵉ corps. Le maréchal Macdonald le chargea du licenciement du 4ᵉ corps sur la Loire; Berthezène était porté sur les listes de proscription et dut se réfugier en Belgique. Le maréchal Gouvion-Saint-Cyr le fit rentrer en grâce; on le nomma inspecteur général d'infanterie, membre du Comité consultatif d'infanterie et, le 21 février 1830, commandant d'une division de l'armée d'Afrique. Il remplaça, en 1831, le général Clausel dans le commandement de l'Algérie, se signala par une administration ferme et sage, restreignant les dépenses au strict nécessaire, quitta son commandement en 1840, fut placé en disponibilité en 1842 et mourut à Vendargues, le 9 octobre 1847. (Arch. adm. Min. de la Guerre.)

(2) MORAND (Charles-Antoine-Louis-Alexis, comte), né à Pontarlier le 4 juin 1771. Capitaine au 7ᵉ bataillon du Doubs, le 9 août 1792; lieutenant-colonel le 5 septembre de la même année; général de brigade en 1799; général de division en 1805; commandant la 1ʳᵉ division du 3ᵉ corps de la Grande Armée en 1806, à l'armée d'Allemagne en 1809, la 1ʳᵉ division du 1ᵉʳ corps en 1812, la 1ʳᵉ division du 4ᵉ corps en mars 1813, pour recevoir, le 16 novembre suivant, le commandement en chef de ce corps, qui est enfermé dans Mayence. Le blocus dura cinq mois; la place renfermait 36,000 hommes et, lorsque Morand dut capituler, le 4 mars 1814, le typhus

lorsque le corps du prince de Hohenzollern se présenta tout à coup sur notre flanc gauche; notre cavalerie légère, chargée d'éclairer ce flanc, fut très vivement ramenée.

Nous avions à peine eu le temps d'être avertis de la présence de l'ennemi, que celui-ci parut sur les hauteurs dominant le village de Thann, où j'arrivais avec ma brigade qui était, par bonheur, très forte. Elle se composait du 10ᵉ léger, des 3ᵉ et 57ᵉ de ligne (1), formant un effectif d'environ 7,000 hommes.

Comme les Autrichiens se montraient à hauteur de mon extrême gauche, je formai d'abord en ligne le 57ᵉ, et le lançai contre eux, car il fallait les éloigner, se donner un peu d'espace ou succomber.

Cet intrépide régiment, qui avait été surnommé en Italie *le*

---

avait dévoré 21,000 de ses soldats. La première Restauration le mit en disponibilité; au retour de l'Empereur, il fut nommé colonel des chasseurs à pied de la Garde, pair de France, fut à Waterloo, avec Lobau et Duhesme, le héros de la belle défense de Plancenoit et ne quitta le champ de bataille qu'un des derniers, quand toute résistance était devenue impossible. Au second retour des Bourbons, le général Morand s'exila, prévoyant qu'on lui ferait un crime d'avoir repris les armes pendant les Cent-Jours. Le 29 août 1816, un conseil de guerre, convoqué à la Rochelle, le condamna à mort, et ce ne fut que trois ans après qu'il purgea sa contumace, devant un autre conseil réuni à Strasbourg; il fut acquitté et se retira à Montbenoist, occupant ses loisirs aux travaux de l'agriculture et à écrire ce livre admirable : « L'armée selon la Charte ». Il ne sortit de sa retraite qu'en 1830, pour prendre le commandement de la 6ᵉ division militaire et entrer à la Chambre des pairs.

Le général Morand mourut à Paris, le 2 septembre 1835.

GUDIN (Charles-Etienne-César, comte), né le 13 février 1768, à Montargis.

Il appartenait à une famille noble; son oncle, le lieutenant général Etienne Gudin, s'était distingué dans les campagnes de 1762 et 1765, et son père avait été capitaine dans le régiment d'Artois. Gudin était entré, comme surnuméraire, dans les gendarmes de la garde du Roi, le 28 octobre 1782, et avait été nommé sous-lieutenant au 48ᵉ régiment d'infanterie le 8 septembre 1784. Il passa lieutenant en 1791. A l'ouverture de la campagne de 1793, il était aide de camp de son oncle, alors lieutenant général. En l'an III, il reçut le grade d'adjudant général, chef de brigade; le 17 pluviôse an VII, celui de général de brigade; l'année suivante, il était général de division. En l'an IX, Gudin commanda la 10ᵉ division militaire; en l'an XII, il eut un commandement au camp de Bruges; en l'an XIV, il fut attaché à la 3ᵉ division du 3ᵉ corps de la Grande Armée et nommé gouverneur du palais de Fontainebleau. Nous le retrouvons à l'armée d'Allemagne, dans le corps de Davout; pendant la campagne de 1812, il est blessé mortellement, le 19 août, au combat de Valoutina, et expire le 22 septembre.

L'Empereur écrivit, de sa propre main, à la comtesse Gudin, pour lui montrer l'estime qu'il faisait de l'héroïque officier qui venait de mourir : « Je prends part à vos regrets; la perte est grande pour vous; elle l'est aussi pour moi... Le ministre secrétaire d'Etat vous expédie le brevet d'une pension de 12,000 francs... Elevez vos enfants dans des sentiments qui les rendent dignes de leur père. »

(1) Le 10ᵉ léger, colonel Berthezène; le 3ᵉ de ligne, colonel Schobert; le 57ᵉ de ligne, colonel Charrière.

Terrible (1), et qui a bien justifié son nom dans cette journée, gagna promptement du terrain ; mais la partie était trop inégale ; il dut s'arrêter. Je le rangeai en bataille sur le plateau d'où les efforts des Autrichiens ne purent jamais le déloger, et le fis soutenir par le 3ᵉ qui se comporta très bien, malgré la mollesse de son chef. Les attaques se renouvelant sans cesse, je fus obligé d'engager en dernier lieu le 10ᵉ régiment tenu en réserve.

Pendant que je contenais l'ennemi autant que je le pouvais, le reste de la division Saint-Hilaire avait eu le temps de revenir sur ses pas ; la division Friant (2), qui nous suivait, vint se mettre en ligne sur notre gauche ; l'action devint alors générale.

Le canon se fit bientôt entendre, assez loin sur notre droite ; c'étaient les divisions Gudin, Morand, les cuirassiers de Saint-Germain (3), qui, débouchant dans la plaine vers Arnhoffen, et nous voyant aussi sérieusement aux prises, cherchaient à attirer l'attention de l'ennemi afin de produire une diversion qui, en effet, nous dégagea un peu.

Mais l'archiduc avait une trop belle proie sous la main pour se laisser détourner de son principal but, qui était de nous

---

(1) Après la bataille de la Favorite, le 16 janvier 1797.

En annonçant la brillante victoire de Thann dans son premier Bulletin, Napoléon disait : « Il y a treize ans, le 57ᵉ a été surnommé « le Terrible » ; il a bien justifié ce surnom à la bataille de Thann, où il a abordé et défait successivement six régiments autrichiens. »

(2) FRIANT (Louis, comte), né le 28 septembre 1758, à Villers-le-Vert (Somme). — Soldat aux gardes françaises le 9 février 1781. — Parti, comme caporal, avec congé absolu, le 7 février 1787. — Caporal-fourrier dans la garde nationale soldée de Paris le 1ᵉʳ septembre 1789. — Chef du 9ᵉ bataillon de Paris : « Suivant le procès-verbal du 23 septembre 1792, l'an 4ᵉ de la Liberté, le 1ᵉʳ de l'Égalité, dressé au camp sur Châlons, pour l'organisation du bataillon de l'Arsenal, foedéré de Paris, le citoyen Louis Friant a été nommé lieutenant-colonel en chef du dit bataillon, laquelle place il a accepté. » — Général de brigade, 16 thermidor an II. — Général de division, commandant de la Haute-Égypte, 19 fructidor an VII. — Inspecteur général d'infanterie, 27 brumaire an X. — Employé au 2ᵉ corps de la Grande Armée, an XIV. — Colonel commandant les grenadiers à pied de la Garde, 7 août 1812. — Colonel des grenadiers à pied de France, 18 juillet 1814. — Colonel du corps des grenadiers à pied de la Garde impériale, 13 avril 1815. — Retraité le 4 septembre 1815. — Décédé le 24 juin 1829.

Le général Friant avait été nommé, le 15 décembre 1813, chambellan de l'Empereur ; mais il ne remplit jamais les fonctions de cette charge, qui lui avait été accordée afin qu'il pût entrer, à toute heure, chez Sa Majesté.

(3) SAINT-GERMAIN (Antoine-Louis Decrest, comte de), né le 8 décembre 1761, à Paris. Son père était écuyer, chevalier de l'ordre du Christ, commissaire des guerres. Il servit, « en qualité de gendarme, dans la compagnie d'hommes d'armes

couper en deux, et ses attaques n'en devinrent que plus vives et plus pressantes.

Le combat continua jusqu'à la nuit, avec un même acharnement de part et d'autre ; l'obscurité, la lassitude seules y mirent fin ; les Autrichiens se retirèrent sur la Paring, nous laissant maîtres du champ de bataille. Cette affaire prit le nom de bataille de Thann ; les pertes furent égales des deux côtés ; il n'y eut ni prisonniers, ni trophées d'aucune sorte, et cependant nous considérions avec raison la journée comme avantageuse pour nous, puisque nous avions atteint notre but, qui était la jonction avec l'Empereur, tandis que les Autrichiens manquèrent le leur, qui était de s'y opposer.

On sait que ce n'est pas la perte en hommes qui détermine le gain d'une bataille ; il appartient à celui qui reste maître du terrain. C'est surtout l'effet moral qui le constate ; or, dans les circonstances actuelles, cet effet moral fut tel que, malgré des forces supérieures, l'ennemi dut changer de rôle et se mettre sur la défensive.

Toutes les dispositions dont on fait honneur au maréchal Davout furent prises par le général Saint-Hilaire ; elles lui appartiennent exclusivement. Le maréchal ne parut près de notre division que le soir, lorsque la nuit était arrivée, longtemps après la fin du combat ; il bivouaqua avec nous et savait si peu ce qui s'était passé sur la partie du terrain où nous nous étions battus, qu'il se fit faire un rapport par le général Baillod (1),

---

d'ordonnance, sous le titre de gendarme de Monsieur, depuis le 15 février 1778 jusqu'au 1er décembre 1786 » ; prit, dans l'intervalle, du service à la légion étrangère de Waldner de Freunstein, formée par la compagnie des Indes orientales hollandaises, mais non définitivement organisée ; fut rayé des contrôles de la gendarmerie en 1786, commissionné dans les troupes à cheval en 1792, nommé au mois de décembre de la même année lieutenant-colonel de la légion des Ardennes, puis colonel de cette légion, qui devint le 23e régiment de chasseurs à cheval.

Général de brigade le 1er février 1805, général de division le 12 juillet 1809, le général de Saint-Germain fut nommé par Louis XVIII chevalier de Saint-Louis (mai 1814) et grand-officier de la Légion d'honneur le 27 décembre suivant. Au retour de l'Empereur, il reçut l'ordre de se rendre à l'armée des Alpes pour en organiser la cavalerie. Il était en non-activité depuis le licenciement de l'armée, lorsqu'il fut nommé inspecteur général de cavalerie le 1er juillet 1818. Mis en disponibilité le 1er juin 1819, il fut admis à la retraite par ordonnance du 30 août 1826. La Révolution de Juillet le releva de cette position. En 1831, on le plaça dans le cadre de réserve et, le 1er mai 1832, il fut, de nouveau, admis à la solde de retraite.

(1) BAILLOD (Jean-Pierre, baron), né à Songieu (Ain), le 20 août 1771, s'engagea en 1793 au 1er bataillon de ce département, devenu partie de la 22e demi-brigade

alors colonel, chef d'état-major de la division. Je serais désolé, pour l'honneur de sa mémoire, que le duc d'Auerstaëdt n'eût recueilli le détail des dispositions ordonnées par l'excellent Saint-Hilaire que pour en dépouiller ce général et se les approprier (1). Le 20 et le 21 se passèrent à échanger quelques coups de canon; les Autrichiens brûlèrent beaucoup de poudre. Pendant ce temps, l'archiduc Charles s'emparait de Ratisbonne, qui lui était nécessaire pour communiquer avec l'armée de Bohême; peut-être ne prévoyait-il pas que cette position lui servirait à couvrir sa propre retraite.

Le corps de Kollowrath, de l'armée de Bohême, passa sur la rive droite; celui de Bellegarde s'arrêta à Stadt-am-Hoff, faubourg de Ratisbonne.

COMBAT DE LANDSHUT ET BATAILLE D'ECKMUHL.

(21 avril 1809. — 22 avril 1809.)

Le 21, nous fûmes rejoints par les Bavarois que commandait le maréchal Lefebvre. Ils prirent position à notre droite. Pendant ce temps, l'Empereur, après avoir chassé l'ennemi de Landshut et l'avoir fait poursuivre jusqu'à Vilsbibourg, revenait à tire d'aile.

La matinée s'était passée fort tranquillement, et ceux qui n'étaient pas dans le secret du plan de l'Empereur pensaient que la journée s'écoulerait sans combat. Lorsque le canon se fit entendre dans la direction de Landshut, je me trouvais avec ma brigade devant le village de Unter-Leuchling, qu'occupaient 2,000 grenadiers hongrois, commandés par le prince de Rosemberg. Je reçus aussitôt l'ordre d'attaquer, et, malgré une vaillante résistance, je mis peu de temps à me rendre maître du

---

d'infanterie légère; il ne reçut le grade de général de brigade que le 6 août 1811. Placé en non-activité le 1er octobre 1815, admis à la retraite par ordonnance du 1er décembre 1824, il représenta le département de la Manche en 1830 et 1831, fut conseiller général de ce département et mourut le 1er mars 1853. Il avait été blessé à Eylau, à Essling, à Leipzig.

(1) Pertes en officiers des trois régiments sous les ordres du général de Lorencez, le 19 avril :

10e léger : 9 blessés. — 3e régiment de ligne : 3 tués, 21 blessés. — 57e régiment de ligne : 3 tués, 17 blessés. — A. MARTINIEN.

village; nous y fîmes 900 prisonniers. Berthezène fut blessé à la main (1).

Au delà de Unter-Leuchling s'étendait une colline boisée, d'un accès difficile, fortement occupée; il fallut encore l'emporter; cette seconde opération nous coûta du monde; elle réussit pourtant. J'enveloppai le bois et nous débouchâmes sur la grande route qui conduit de Landshut à Ratisbonne. La division Friant, sur laquelle nous pivotions, l'aile droite en avant, n'eut pas l'occasion de combattre à ce moment, mais une division bavaroise nous seconda utilement sur notre droite.

Pendant ce temps, Napoléon développait toutes ses forces et manœuvrait pour déborder la gauche des Autrichiens. Ceux-ci se retirèrent à temps, afin d'éviter d'être cernés, et firent leur retraite avec beaucoup d'ordre, en se couvrant avec leur cavalerie qui exécuta quelques charges hardies contre nos carrés qu'elle ne put entamer. Mais c'était déjà beaucoup que de nous obliger à former des carrés et à ralentir ainsi la rapidité de notre élan. Du reste, soit que les troupes revenant de Landshut fussent trop fatiguées, soit pour un autre motif, l'Empereur ne fit pas pousser vigoureusement cette poursuite.

Lorsque la perte d'une bataille est inévitable, c'est un grand mérite que de savoir se retirer à propos, et, il faut l'avouer, ce mérite fut rarement celui des Français, surtout sous un chef qui ne pouvait se décider à abandonner le terrain que lorsque tout était perdu.

Dans la journée d'Eckmühl, l'armée française, qui occupait une ligne parallèle à la route allant de Ratisbonne à Landshut, manœuvra de façon à en occuper une autre perpendiculaire à cette route, au moyen d'un changement de front sur le centre, l'aile droite en avant, l'aile gauche restant en équerre. Le résultat de cette disposition étant de traverser la ligne ennemie par son milieu, les deux centres devaient se heurter les premiers; mais, pour que ce beau mouvement pût obtenir tout son résultat, il fallait attendre que l'aile marchante eût presque achevé sa conversion avant de mettre en marche les troupes du pivot;

____

(1) Blessé en Italie, en l'an VII et en l'an IX, et de deux coups de feu, l'un aux reins, l'autre à la main droite, le jour de Wagram.

aussi fit-on au maréchal Davout le reproche de s'être beaucoup trop hâté.

L'archiduc Charles se retira précipitamment sur Ratisbonne, qui avait, par malheur, capitulé la veille, et qui lui offrit sur le Danube un passage que nous n'avions pas la possibilité d'inquiéter. Si le colonel Coutard (1) avait pu résister quelques heures de plus, l'armée autrichienne, acculée au fleuve, était perdue et la campagne se trouvait terminée.

Le 23 avril, le duc de Rivoli fut dirigé sur Straubing et nous parûmes devant Ratisbonne avec le reste de l'armée. Nous ne trouvâmes, en dehors des murs, que quelque cavalerie que la nôtre obligea promptement à rentrer dans la ville, où les Autrichiens se maintinrent aussi longtemps qu'il était nécessaire pour n'être pas inquiétés dans leur retraite. Quatre jours auparavant, ils enveloppaient, pour ainsi dire, notre armée, et maintenant ils avaient perdu leur ligne d'opération, trop heureux de trouver derrière eux les défilés de la Bohème par où ils pouvaient s'échapper.

Les beaux mouvements de l'armée française, que nous n'avons

---

(1) COUTARD (Louis-François), baron de l'Empire, fait comte par la Restauration, né le 19 février 1769, à Ballon (Sarthe); entra au service dans le 26ᵉ régiment, ci-devant Bresse, en 1787; acheta son congé en 1791, reprit du service la même année dans le bataillon de la Sarthe, entra dans la garde du Roi en 1792, rentra dans son ancien bataillon, y fut nommé capitaine; passa, en 1795, chef de bataillon à la 73ᵉ demi-brigade, « avec toutes les qualités requises pour être un excellent militaire et un patriotisme sans fard », puis chef de brigade dans le même corps en 1800, et reçut le commandement du 65ᵉ régiment en 1803.

Le colonel Coutard, auquel il ne restait plus de munitions, n'ayant pu recevoir celles que le maréchal Davout lui avait expédiées la veille d'Abbach, avait donc été obligé de capituler; mais l'Empereur ne lui en garda pas rigueur; il lui rendit aussitôt un commandement, le nomma général en 1811 et lui accorda le titre de baron. Pourtant, le général Coutard, qui devait, en 1816, ternir sa carrière en faisant partie du conseil de guerre qui jugea et condamna à mort le général Mouton-Duvernet, — ce dont il fut récompensé en recevant le titre de comte, — se plaignit, aussitôt la Restauration, des injustices dont il avait été atteint après la reddition de Ratisbonne.

« Bonaparte, écrivait-il, mettait la défense de Ratisbonne au rang des beaux faits d'armes de la guerre, mais il ajoutait qu'il ne me pardonnerait jamais d'être rentré sur parole avec les officiers de ce brave régiment. Après avoir épuisé toutes nos cartouches, après avoir brûlé celles de nos prisonniers de guerre et de nos malades aux hôpitaux, je fus forcé de capituler le troisième jour, mais j'enterrai mes aigles dans les drapeaux du régiment de Froon, et c'est sous cette enveloppe que je les lui remis moi-même trois jours après. » (Arch. adm. Min. de la Guerre.)

Le général Coutard reçut de la Restauration les commandements des 3ᵉ, 13ᵉ, 1ʳᵉ divisions militaires, fut mis en disponibilité le 4 août 1830 et en retraite le 20 juin 1831.

pu qu'indiquer, doivent être considérés comme le chef-d'œuvre de l'art (1) et méritent d'être développés avec soin; le temps, les matériaux, les lumières nous manquent pour cela. Nous nous bornerons à une observation : c'est que toutes les fois que l'espace ne lui a pas manqué et que ses manœuvres ont pu être préparées avec soin, l'Empereur a toujours pu frapper avec certitude. Témoins : Ulm, Iéna, Eckmühl, etc. Lorsqu'au contraire, il était resserré corps à corps, comme à Eylau, à Essling, à Leipsick, les chances devenaient à peu près égales; on pouvait lutter contre lui, même parfois le vaincre.

COMBAT ET PRISE DE RATISBONNE.

(23 avril 1809.)

La ville de Ratisbonne possède une vieille enceinte et des fossés qui furent en grande partie convertis en jardins. Elle n'est pas susceptible de soutenir une attaque régulière, mais on peut la défendre contre un coup de main. Pendant qu'on la canonnait avec quelques pièces de campagne, l'Empereur, pour calmer son impatience, passa en revue les troupes qui n'étaient pas employées à l'attaque. Il vint à la division Saint-Hilaire, dont je commandais la première brigade, et me fit compliment sur la vigueur de notre combat de la veille. Tout ce que je demandai pour les officiers, sous-officiers et soldats, dont la conduite l'avait satisfait, fut accordé sur-le-champ. Lorsqu'il eut fini de voir ma brigade, il passa à la deuxième. J'eus alors la fantaisie de m'éloigner pour examiner de plus près les progrès de l'attaque que le maréchal Lannes (2) était en train de con-

---

(1) « Les plus grandes manœuvres militaires que j'aie jamais faites, dit Napoléon, et pour lesquelles je m'estime le plus, ont eu lieu à Eckmühl et étaient infiniment supérieures à celles de Marengo et à d'autres actions qui ont précédé ou suivi celle-là. » (O'Méara, *Napoléon en exil*, t. II.) — « La bataille d'Abensberg, les manœuvres de Landshut et la bataille d'Eckmühl furent les plus brillantes et les plus habiles manœuvres de Napoléon. » (*Mémoires de Napoléon*, t. III.)

(2) Stendhal rapporte ces paroles du peintre Biogi, comparant quelques généraux à Napoléon : « Lannes, lui seul, rappelait quelquefois le général en chef. » — Ch. XX. — L'Empereur, parlant du duc de Montebello, dit : « Il était sage, prudent, audacieux; devant l'ennemi, d'un sang-froid imperturbable. Il avait peu d'éducation; la nature avait tout fait pour lui. » (*Mémoires*. Bataille d'Essling.) — « On ferait, écrit Méneval, un recueil des mots piquants, énergiques et toujours si expressifs qui lui échappaient. »

duire; je rencontrai bientôt le maréchal, qui revenait d'Espagne et de son terrible siège de Saragosse. Nous avions eu autrefois des relations d'amitié; il me fit bon accueil.

Entre autres choses, il me dit que l'Empereur vantait beaucoup la conduite de la division Saint-Hilaire et me conseilla de profiter de cette bonne humeur pour obtenir quelque récompense.

Je rappelai alors au maréchal les campagnes que nous avions faites ensemble en Italie, et je lui témoignai mes regrets de ne pas porter l'insigne créé pour en perpétuer le souvenir, c'est-à-dire la Couronne des rois lombards, que je n'avais jamais osé demander. Enfin, je le priai de vouloir bien faire lui-même cette demande en qualité de mon ancien colonel. Il eut l'obligeance de me répondre que ma prétention était trop modeste, mais il refusa de se mêler à la demande pour un motif qui le dépeint : il me dit, avec une sorte de dépit, que son intervention serait plus nuisible qu'utile; que l'Empereur paraissait si engoué des grands exploits de notre division, que le général Saint-Hilaire avait actuellement cent fois plus de raisons que lui pour me servir d'intermédiaire, et qu'enfin il appartenait naturellement au général de division de solliciter des récompenses en faveur des officiers employés sous ses ordres.

Je connaissais le maréchal; je savais que, bien qu'il n'eût rien à envier à personne, il était, en fait de gloire militaire, d'une jalousie furieuse; puis, il ne pouvait supporter, avant tout, que l'Empereur louât qui que ce fût. Je me tus donc, et parlai d'autre chose.

Pendant cette conversation, nous étions assis sur le bord de la contre-escarpe, afin de mieux juger le résultat du feu de notre artillerie de campagne, qui ne parvenait pas à battre en brèche les murs de la ville, quelque délabrés qu'ils fussent. Les balles pleuvaient autour de nous; mais, quoiqu'il fût fort inutile de se faire tuer là, ce n'était pas auprès du maréchal Lannes, surtout dans l'accès de mauvaise humeur où il se trouvait (1), qu'il eût fait bon avoir l'air d'y prendre garde.

---

(1) « Il — le maréchal Lannes — était violent, emporté même en ma présence, disait l'Empereur, le 4 décembre 1816, devant O'Méara; dans ses accès de colère, il ne voulait permettre à personne de lui faire des observations, et même il n'était pas toujours prudent de lui parler lorsqu'il était dans un état de violence. »

Enfin, un aide de camp vint le chercher de la part de l'Empereur, qui terminait sa revue. Je le suivis.

« Lorencez, me dit Sa Majesté en m'apercevant, tout le monde ici est content de vous, je veux que vous le soyez de moi. »

Je m'inclinai. Le duc de Montebello reprit aussitôt : « Sire, Lorencez est un de vos anciens de l'armée d'Italie, et je sais qu'il désirerait la Couronne de Fer.

— La Couronne de Fer?... Soit! » répondit l'Empereur, et il en fit prendre note au prince de Neuchâtel. Je remerciai, j'étais content.

Je ne tardai pourtant pas à regretter que le maréchal Lannes se fût désisté de son premier refus! A peine l'Empereur et sa suite se furent-ils éloignés, que le général Saint-Hilaire me blâma de ne pas m'être reposé sur lui du soin de faire valoir mes services; il me fit toucher *du doigt et de l'œil* combien j'y avais perdu, puisque, un moment auparavant, il avait obtenu pour moi la dignité de grand-officier de la Légion d'honneur.

« Vous n'aurez sûrement pas, ajouta-t-il, les deux récompenses à la fois et vous verrez que l'on choisira la moindre. »

Ce qu'il avait prévu se réalisa : je reçus la Couronne.

J'anticipe sur la suite de cette campagne pour finir en ce qui m'est personnel et pour dire que cette occasion perdue ne tarda pas à se retrouver. L'Empereur, satisfait de mes services à Essling et à Wagram, demanda au maréchal Oudinot, dont j'étais le chef d'état-major, ce que je désirais. Le maréchal me transmit cette demande et je répondis niaisement que je me trouvais récompensé par cette preuve de souvenir. L'Empereur ne croyait nullement que l'on était sincère lorsque l'on se montrait désintéressé; ma réponse ne pouvait donc que me nuire dans son esprit. Il n'en fut rien cependant, car je reçus, quelques jours après, une deuxième dotation de 20,000 francs de rente. — J'en avais déjà obtenu une semblable à la fin de la campagne de 1807. — Cette récompense était, ainsi que l'ont prouvé les événements qui dépouillèrent les donataires, moins solide que le grade de général de division, qui m'aurait été d'autant moins refusé que j'en avais rempli les fonctions avec assez de succès à la bataille d'Essling, à la tête de la division Saint-Hilaire.

Ce que je viens de raconter me rappelle un fait, que je choisis entre mille, mais qui montre ce que l'Empereur pensait du désintéressement :

Nous étions au camp de Boulogne et Napoléon, après avoir fait manœuvrer notre division (1), nous avait reçus à dîner à Pont-de-Brique.

Pendant la revue, il avait aperçu un vieux grenadier du 4ᵉ de ligne et s'en était approché.

« Tu es de mes anciens d'Italie?

— Oui, Sire.

— Je veux que tu viennes dans ma Garde.

— Sire, je vous remercie, mais je préfère rester au régiment.

— Comment! tu refuses d'entrer dans ma Garde? » Et lui prenant l'oreille, l'Empereur la tira fortement, suivant son habitude.

Personne ne songeait plus à cet incident, lorsqu'à la fin du repas, s'adressant brusquement au prince Joseph Napoléon (2), commandant le 4ᵉ de ligne, l'Empereur lui dit :

« Est-ce que vous approuvez, Monsieur le colonel, cet original de votre régiment qui refuse d'entrer dans ma Garde?

— Non, Sire, répondit le prince; mais ce refus s'explique, cet homme s'est fait une longue habitude de vivre au régiment, il s'y croit en famille.

— Ce n'est pas cela, reprit l'Empereur; ce refus est l'effet d'un calcul ambitieux : ce soldat prime dans votre régiment; il serait le dernier de ma Garde! »

---

(1) Division Vandamme.

(2) Joseph, roi de Naples, roi des Espagnes, né à Corte le 7 janvier 1768, mort à Florence le 28 juillet 1844; sénateur le 4 août 1802, prince français, grand électeur de l'Empire français le 18 mai 1804, lieutenant général du royaume de Naples le 21 février 1806, roi de Naples et de Sicile le 30 mars 1806, roi des Espagnes et des Indes du 6 juin 1808 au 11 décembre 1813, comte de Survilliers; marié à Cuges (Bouches-du-Rhône), le 1ᵉʳ août 1794, à Marie-Julie, née à Marseille le 26 décembre 1771, morte à Florence le 7 avril 1845, fille de François Clary et de Rose Sonis. (Léonce de Brotonne : *les Bonaparte et leurs alliances.*)

L'*Almanach impérial de* 1806 fixe la date de la naissance du prince Joseph Bonaparte au 5 *février* 1768 et les contrôles du 4ᵉ régiment de ligne indiquent le 5 *janvier* 1768. Le mariage ne fut pas célébré le 24 *septembre* 1794, comme le dit l'*Almanach impérial*, mais le 16 *août* 1794. Ce fut un prêtre non assermenté, l'abbé Reimonet, qui bénit le mariage, dans le plus grand secret. Ses héritiers en produisirent l'attestation à M. Bouillon-Landais, archiviste du département des Bouches-du-Rhône. (*Dictionnaire critique de biographie et d'histoire.*)

MARCHE SUR VIENNE ET BATAILLE D'ESSLING.

(22 mai 1809.)

L'archiduc Charles, après avoir perdu sa ligne d'opération, se retira en Bohême; le prince de Ponte-Corvo le suivit jusqu'aux montagnes qui séparent ce royaume de celui de Bavière.

Toute l'armée française prit la route de Vienne; il ne restait plus que le corps de Hiller pour s'opposer à sa marche. Ce général défendit le passage de l'Ems, qui donna lieu au sanglant combat d'Ebersberg, *une brillante folie*, ainsi que l'appelait l'Empereur.

C'en était une, en effet, puisque cette position devait tomber d'elle-même, par la seule marche de notre droite qui arrivait par Steyer sur Amstetten.

Après cette affaire, nous ne rencontrâmes plus d'obstacles jusqu'à Vienne, qui nous ferma ses portes; mais quelques obus jetés dans la ville nous les firent bientôt ouvrir.

Je suis persuadé que cette capitale pouvait tenir quelques jours de plus, et il est certain que, si elle l'avait fait, nous aurions été terriblement embarrassés.

L'archiduc Maximilien sortit de la ville; cette fois, il n'oublia pas de brûler le pont du Danube. Comme on ne pouvait passer le fleuve derrière lui, on chercha d'abord à s'assurer un passage à Nüssdorf. L'opération ne réussit pas et l'on occupa l'île Lobau, où l'on établit un pont entre cette île et le village d'Ebersdorf. Le 22 mai, le maréchal Masséna déboucha de l'île et s'empara des villages d'Essling et de Gross-Aspern. Le général Saint-Hilaire, qui prit une part si importante à la bataille, avait pour généraux de brigade : Lorencez, commandant la première; Pouzet, la deuxième, et Destabenrath, la troisième. A 11 heures du matin, Pouzet était tué, Saint-Hilaire mortellement atteint et Destabenrath (1) blessé !

---

(1) DESTABENRATH (Marie-Jean-Eléonord-Léopold, baron), né à Gournay (Eure), le 13 avril 1770. Sous-lieutenant au 70e régiment, ci-devant Médoc, le 12 avril 1792; général de brigade en 1807, mis à la retraite le 11 juin 1832, mort le 12 novembre 1853, dans sa terre de Briquedalle, près Rouen. Blessé au passage du Var, à Heilsberg, à Essling, à Wagram, à Znaïm.

POUZET (Pierre-Charles, baron), né à Poitiers le 11 juillet 1766, prit du service

Ce ne fut qu'à 11 heures du soir que, resté seul à la tête de la division, je reçus l'ordre de rentrer dans l'île Lobau.

Ma brigade passa sous les ordres du général Oudinot, dont je fus nommé chef d'état-major, après Wagram, à la place du général Gauthier, qui avait eu le talon emporté et était mort de sa blessure. Du reste, pendant les sanglantes journées des 5 et 6 juillet, tout l'état-major avait été tué ou blessé et j'avais reçu moi-même, à la cuisse, une balle dont l'effet se borna heureusement à une forte contusion.

C'était ma troisième blessure.

---

en 1782 dans le régiment de Champagne, était sergent-major en 1792 et, l'année suivante, aide de camp du général Bassel à l'armée des Pyrénées-Orientales. Chef de bataillon en 1795, il passa, avec ce grade, dans le régiment des chasseurs à pied de la garde des Consuls à la fin de 1800, et fut nommé colonel du 10e régiment d'infanterie légère en 1805. Sa brillante conduite à Eylau lui valut le grade de général de brigade.

Employé à l'armée d'Espagne, en 1808, Pouzet revint à l'armée d'Allemagne et fut tué le 22 mai 1809.

Le hasard de nos recherches nous a permis de découvrir cette lettre que le général Pouzet écrivait à l'Empereur en 1808, afin d'obtenir l'autorisation d'épouser Mlle de Pierremont. Elle peint bien, dans sa simplicité, le caractère de ces vieux soldats fanatiques, et son style imagé porte la marque de son époque :

« *A Sa Majesté l'Empereur et Roi, protecteur de la confédération du Rhin, Charles Pouzet, général de brigade, l'un des commandans de la Légion d'honneur.*

« Sire,

« Une complication de besoins m'a conduit aux eaux ; après avoir pris 30 bains, le médecin dans les mains duquel je m'étais mis m'a conseillé de voyager. Paris m'offrant la facilité de continuer l'usage de mes remèdes, je m'y suis rendu, Sire, dans l'espoir d'y trouver le plus efficace de tous : un sourire de Votre Majesté. Oui, Sire, je n'ai pu tenir au besoin de voir mon Auguste Maître, pour obtenir la certitude que Sa Majesté n'a aucune prévention contre celui qui n'a jamais eu, et n'aura jamais, d'autre sentiment que celui du bien. Daignez, Sire, jetter un regard de bienveillance sur moi ; j'en ai besoin pour mettre un terme à l'ennuie que j'éprouve et qui me tient sur des épines.

« J'ai sollicité d'obtenir la main d'une demoiselle qui, sous les rapports de la fortune, de la conduite et de l'éducation, est faite pour assurer mon bonheur.

« J'ai remis à S. A. le prince vice-connétable tous les détails nécessaires aux renseignements que nécessite cette affaire, et S. Exc. le ministre de la Guerre doit soumettre ma demande à l'approbation de Votre Majesté. Daignez, Sire, l'accueillir favorablement. Que la main bienfaisante de Votre Majesté répande sur moi une goutte de cette rosée qui vivifie tous les êtres.

« Peu de jours me suffiront et je volerai au poste que mon Auguste Maître daignera m'assigner. Le plus beau jour, pour moi, sera toujours celui où mon zèle éprouvé pourra, sans calcul d'intérêt personnel, être mis à de nouvelles épreuves pour combattre les ennemis de Votre Majesté.

« Je suis de l'Empereur, mon Auguste Maître, le très dévoué serviteur et fidèle sujet.

« POUZET, rue Vivienne, hôtel de Boston. »

SAINT-HILAIRE (Louis-Vincent-Joseph de Blond, comte de), naquit à Ribémont (Aisne), le 4 septembre 1766. Son père, aide-major dans Conty-cavalerie, le fit ad-

Après la signature du traité de Vienne, l'armée rentrait en France. Le corps du duc de Reggio était cantonné dans les environs de Lintz et nous entendîmes, dans la cathédrale de cette ville, le *Te Deum* célébré pour l'anniversaire du couronnement et de la bataille d'Austerlitz. Le soir, le gouverneur et le général Tharreau donnèrent chacun un grand dîner, où la santé de l'Empereur fut portée avec l'enthousiasme ordinaire que son nom inspirait à l'armée.

Notre corps commença son mouvement le 10 décembre, par une saison humide qui nous donnait beaucoup de malades, se dirigeant, à petites journées, vers le Rhin qu'il atteignit dans le milieu de février.

J'étais à Strasbourg à l'arrivée de l'Impératrice, qui resta une journée. La ville lui fit une très belle réception ; l'allégresse publique était générale et Sa Majesté en parut fort touchée. Ceux qui eurent l'honneur de l'approcher furent frappés de son air de bonté ; elle répondait avec beaucoup de grâce, et sans y être préparée, aux discours qu'on lui adressait, parlant le français avec autant de facilité que de correction. Ce fut la cavalerie légère de notre corps d'armée, sous les ordres du général de Colbert, qui l'escorta à son départ.

---

mettre, dès l'âge de sept ans, comme « volontaire et adopté enfant de troupe » dans ce régiment.

En 1781, faisant partie du régiment d'Aquitaine, il embarqua « pour les grandes Indes ». En 1792, il était capitaine ; Masséna le proposa pour adjudant général chef de bataillon et, en l'an VII, Joubert sollicita pour lui le grade de général de division avec le commandement de la 8ᵉ division militaire (Marseille).

De Marseille, Saint-Hilaire passa à la 15ᵉ division militaire (Rouen). En 1803, il fut placé à la tête de la 1ʳᵉ division du camp de Saint-Omer. En 1805, l'Empereur lui donna la 1ʳᵉ division au 4ᵉ corps de la Grande Armée.

En 1809, il prit le commandement de la 4ᵉ division du 2ᵉ corps de l'armée d'Allemagne. Le jour d'Essling, un boulet l'atteignit au pied ; on le transporta à Vienne, dans l'hôtel du comte Apponi, où il mourut le 3 juin, à 9 h. 5 du matin. Le corps du général fut embaumé.

« Nous, inspecteur de l'état civil, nous étant transporté dans une chambre sise au rez-de-chaussée de la maison désignée ci-dessus, y avons trouvé le corps du dit général embaumé et ceint étroitement dans une toile, ayant sur le visage une toile mobile qui, soulevée, nous a laissé reconnaître le dit général, gisant dans un cercueil de cuivre renfermé dans une caisse de bois, que les dits témoins nous ont dit devoir être transporté au château impérial de Schœnbronn, près Vienne, pour y être placé à côté du cercueil de feu S. Exc. M. le maréchal duc de Montebello et être ensuite transporté dans le lieu qui sera ultérieurement fixé. » (Arch. adm. Min. de la Guerre.) L'Empereur jugea que le Panthéon pouvait, seul, servir de sépulture à ces deux héros qu'il nommait, l'un, Lannes, le « Roland moderne », l'autre, Saint-Hilaire, « le chevalier sans peur et sans reproche ».

Comme tous les mouvements se faisaient en vertu d'ordres du
ministre, adressés directement aux généraux commandant les
divisions, sans qu'on prît même la peine de m'en donner avis, je
regardai le corps d'armée comme dissous, et jugeai ma présence
peu nécessaire ; j'avais plusieurs fois sollicité un congé dans l'intérêt de ma santé, de mes affaires ; je séchais d'impatience et
d'ennui, et mes demandes étant restées sans réponse, je me dé-
cidai à partir pour Paris.

RUSSIE

La campagne de 1812, en Russie, que je fis comme chef
d'état-major général des 2ᵉ et 6ᵉ corps de la Grande Armée (1),
m'a trouvé mêlé à deux événements importants : la bataille de
Polotzk et le passage de la Bérézina. Je n'en signalerai que
les particularités que je sais et que les contemporains ont
faussées.

Au premier combat de Polotzk (2), sous le maréchal Oudinot,
on se retira sur Polotzk sans y être contraint, mal à propos,
à mon avis et contre mon avis. Je suis encore persuadé que
Wittgenstein eût été battu.

Sous le maréchal de Gouvion-Saint-Cyr, la division de cuirassiers Doumerc (3) nous aurait donné une supériorité marquée,
et elle pouvait prévenir les Russes à l'entrée des bois qu'ils
avaient à traverser pour gagner Gamselovo ; mais on n'en dis-
posa point et son immobilité devant Polotzk, comme celle de
la division Merle, à la gauche de la Polota, rendit incomplet un
succès qui pouvait être décisif. On fit aux Russes 1,500 prisonniers.

----

(1) Commandés par Oudinot et Gouvion-Saint-Cyr.

(2) Cette division, composée des 4ᵉ, 7ᵉ, 14ᵉ cuirassiers et du 3ᵉ chevau-légers,
avait appartenu au 3ᵉ corps de cavalerie ; elle passa ensuite sous les ordres du
duc de Reggio et resta sur la Dwina.

(3) DOUMERC, né à Montauban en 1767, avait servi dans le régiment Royal Dau-
phin-Dragons de 1783 à 1788. Il avait repris du service dans la garde nationale
de Paris en 1790. Colonel du 9ᵉ cuirassiers en 1799, il fut nommé général de brigade en 1806, général de division en 1811, et mourut à Paris, le 9 mai 1847.

Le comte de Wrède ne nous rejoignit plus (1); faisant la sourde oreille aux ordres que je lui adressais, il manœuvra pour son compte et effectua plus tard sa retraite dans la direction de Wilna, par Glubokoe et Weleika, entraînant avec lui le général Corbineau, malgré les ordres que je lui envoyai.

Lorsque nous dûmes assurer la retraite de l'Empereur sur la Bérézina, le duc de Bellune avait pour instructions de manœuvrer de manière à se rapprocher de la Dwina, dans la direction de Polotzk, ce qui, en menaçant la ligne d'opérations du comte de Wittgenstein, devait, dans les règles ordinaires, l'obliger à rétrograder pour la couvrir.

L'inconvénient de ce mouvement était de nous séparer de notre armée, et si Wittgenstein, mieux informé que nous de la situation des affaires et de la marche de l'amiral Tchitchakoff, nous avait pris au mot et avait marché sur Bobr ou tel autre point de la grande communication de Smolensk à la Bérézina, Napoléon aurait trouvé Pultawa bien avant d'arriver à Borizow. C'est pour ces raisons que le maréchal Oudinot refusa de concourir à cette manœuvre.

Le maréchal de Gouvion-Saint-Cyr avait reçu une balle au pied. Le commandement, refusé par le général Legrand, passa au général Merle, qui me laissa toute latitude pour la conduite de cette belle retraite de Polotzk à la Oula. Elle se fit avec lenteur, dans une attitude fière, et l'ennemi fut sévèrement châtié chaque fois qu'il essaya de la troubler (2).

Après la jonction du 9ᵉ corps, je fus, par décret de l'Empereur, nommé chef d'état-major général de cet autre corps d'armée. C'était une compensation pour Wrède et le 10ᵉ corps qui avait échappé à notre direction.

Le duc de Bellune prit alors le commandement; il replia ses troupes derrière la Luckolmia en faisant tenir Smoliani où l'on se chamailla toute la journée sans aucun résultat. Tout en essayant de nous chasser de ce village, l'ennemi prolongea son

---

(1) De Wrède avait été détaché contre le corps russe du général Steingel.

(2) Le maréchal Victor nous rejoignit à Czasnicki avec toutes ses forces, moins la brigade de cavalerie légère du général Fournier. Ce maréchal fit son absence pour refuser la bataille, et, il faut le dire, à notre grand désappointement, car nous regardions le succès comme infaillible. S'il nous avait écoutés, nous aurions rejeté Wittgenstein au delà de la Dwina et la face des choses eût changé. Le

front sur la rive opposée de la rivière, avec un grand déploiement d'artillerie, et on consuma de la poudre de part et d'autre.

Après avoir ainsi manœuvré pour éviter un engagement, nous ne jugeâmes pas à propos d'attendre le lendemain pour nous retirer sur Sienno. Les troupes, dont le moral s'était jusqu'alors si bien soutenu, furent un peu étonnées par ce mouvement qui ne leur semblait pas suffisamment motivé. Nous séjournâmes à Sienno pendant quarante-huit heures et allâmes ensuite nous établir à Tschercïa, en faisant occuper Luckolm. C'est là que le maréchal Oudinot vint nous rejoindre dans les premiers jours de novembre (1).

Cependant Wittgenstein, sauf une tentative insignifiante sur Luckolm, se tenait immobile dans la position où nous l'avions laissé, se couvrant de la Luckolmia et occupant comme têtes de pont Smoliani et Potschavtschi.

L'Empereur avait adressé au duc de Bellune l'ordre positif de

---

maréchal de Gouvion-Saint-Cyr, quoique blessé et ayant cédé le commandement, ne nous avait pas quittés, comptant sur cette revanche : il parut fort mécontent lorsque je lui appris que le duc de Bellune refusait de s'engager.

La grande faute avait été de ne pas donner à un seul maréchal le commandement supérieur de tous les corps qui se trouvaient sur les flancs de la Grande Armée. Le duc de Reggio avait engagé le duc de Bassano à adopter cette mesure de salut, mais ce ministre n'osa pas la prendre. (Note du général de Lorencez.)

(1)   *Au Major général.*

Au quartier général de Tschercïa,
le 12 novembre 1812.

Monseigneur, Votre Altesse Sérénissime, en jetant les yeux sur la situation sommaire des troupes qui composent le 2e corps, et sur le rapport du général commandant l'artillerie que je joins à cette lettre, verra dans quel état déplorable j'ai trouvé ce corps d'armée réduit. Dans cette saison rigoureuse, les soldats, mal vêtus, plus mal chaussés, ne recevant que rarement des distributions de vivres, se répandant dans la campagne malgré la surveillance la plus active, s'arrêtent dans les villages, indifférents sur le sort qui les y attend ; en sorte que chaque mouvement nous coûte toujours un grand nombre d'hommes. Je ne puis donc être ici que le faible auxiliaire du corps frais et nombreux qui est sous les ordres de M. le duc de Bellune, et Votre Altesse doit être bien persuadée que je ne négligerai rien pour lui être utile et tirer tout le parti possible du bon esprit qui anime encore les débris de ce brave 2e corps.

Je n'entretiendrai pas Votre Altesse des intérêts et des besoins des régiments ; ce travail doit être ajourné jusqu'au moment où nous serons parvenus à rejeter l'ennemi au delà de la Dwina. Ce doit être là notre premier but et il ne tiendra pas à moi qu'il ne s'accomplisse. Nous marchons aujourd'hui dans la direction de Tschachniki.

Recevez, etc.   Le maréchal, duc DE REGGIO.

(Minutes de la correspondance du maréchal Oudinot. — Archives du comte de Lorencez.)

le combattre et de le rejeter derrière la Dwina. Les deux corps d'armée quittèrent donc leurs positions le 12 novembre pour se porter en avant (1).

Le 14, on fut en présence des Russes. La division Girard, du 9ᵉ corps, tâta le village de Smoliani et y entretint une tirail-lerie continuelle. Pendant ce temps, le duc de Bellune faisait passer la Ousveïa à ses autres divisions, les dirigeant sur Botscheïkovo. Il fit alors savoir au duc de Reggio que son projet était de laisser là Wittgenstein et de se porter, avec les deux corps réunis, par Botscheïkovo sur Kamen, et de Kamen, par Pouitchna, sur Bérézino. Ce plan ne fut point goûté du maréchal Oudinot, qui fit remarquer les dangers d'un mouve-ment présentant le grave inconvénient de nous rendre inutiles à la Grande Armée dont le retour était annoncé. Il fut donc abandonné.

L'un de nos chefs voulant qu'on abordât franchement l'en-nemi qui était devant nous, tandis que l'autre préférait ma-

---

(1)   ORDRE.

Demain 12 courant, les troupes du 2ᵉ corps exécuteront le mouvement ci-après :

La 3ᵉ division de cuirassiers, partant de sa position au point du jour, se dirigera sur Tschereïa où elle fera une halte pendant laquelle le 3ᵉ régiment de chevau-légers prendra la tête de la division Legrand, qui se mettra aussitôt en marche pour se rendre, par Biala-Corka, Budzilow et Sobolé, à Kamienice où elle prendra position. Dans cette position, dont le front se trouvera couvert par les troupes du 9ᵉ corps qui seront à Milenzkowize, M. le général Legrand gardera particulièrement son flanc droit et aura ses postes sur la Ousveïa.

La 3ᵉ division de cuirassiers suivra le mouvement de la division du général Legrand et ira également demain prendre position à Kamienice.

La 8ᵉ division d'infanterie suivra les cuirassiers et ira prendre position à Sobolé.

La 9ᵉ division suivra le mouvement de la 8ᵉ et ira s'établir à Budzilow. Cette division détachera un régiment avec la brigade de Castex sur Antopol ; un autre régiment sera placé à Komaslivi, village situé sur la droite de la route, un peu au-dessous de Budzilow.

La réserve d'artillerie prendra le même jour position à Budzilow et le parc à Bialacerka.

La 5ᵉ brigade de cavalerie légère, avec le régiment de la 9ᵉ division, et les dé-tachements des 7ᵉ, 20ᵉ et 24ᵉ de chasseurs à cheval qui la rejoindront, ira prendre position le même jour à Antopol et Tzemerice, couvrant le flanc de l'armée et gardant les ponts sur la Ousveïa.

Le général Castex aura des officiers à Tschereïa pour diriger ces troupes.

Le quartier général sera demain à Sobolé.

Les 2ᵉ et 9ᵉ corps marchant ensemble à l'ennemi, M. le maréchal duc de Reggio connait assez l'excellent esprit qui anime les braves troupes qu'il commande pour se flatter qu'il n'y aura pas un seul trainard.

(Minutes de la correspondance du maréchal Oudinot. — Archives du comte de Lorencez.)

nœuvrer, il n'y eut pas moyen de s'entendre. Il en résulta qu'on
ne fit rien. Les deux corps rétrogradèrent : le 9ᵉ sur Sienno,
le 2ᵉ sur Tschereïa et Luckolm.

Ce fut deux ou trois jours après, c'est-à-dire le 19 ou le 20,
que le duc de Bellune reçut l'ordre de détacher le 2ᵉ corps
sur Borisow. Il est vrai qu'on eut d'abord la pensée de le diriger
sur Klopeintschi et Baraw; mais il est faux qu'on ait fait
un seul pas dans cette direction. On avait reconnu qu'on ne
pouvait y conduire de l'artillerie, et le 2ᵉ corps avait encore
soixante bouches à feu bien attelées. D'ailleurs, les mauvais
chemins n'abrègent pas.

On partit le 20 et on coucha le même jour à Olitschouya; le
21, on prit position entre Bobr et Kroupki. C'est là que, dans
la nuit, le général Brouikowski vint nous annoncer que les
Russes étaient en possession de la tête de pont de Borisow. Il
est donc bien certain que, quelque route que nous eussions
choisie, nous ne pouvions jamais arriver à temps pour la sauver. C'eût été sans doute un malheur de plus que nous eussions
préféré la traverse de Klopeintschi, car la grande route se serait
alors trouvée à découvert, personne n'aurait recueilli les débris
de la division Dombrowski (1), et rien n'aurait arrêté Tchitchakoff, qui se serait bientôt trouvé nez à nez avec l'Empereur.

Le commandant de Borisow avait peu de troupes sans doute,
mais elles se trouvaient renforcées par la garnison échappée de
Minsk, sous la conduite du général Brouikowski, venant des
environs de Bobruisk, qui s'était à peine établie dans la tête de
pont lorsque ce poste fut attaqué par Tchitchakoff. Celui-ci disposait de 28,000 hommes et d'une artillerie formidable.

Le pont fut donc emporté, ainsi que nous devions nous y attendre, et Dombrowski se retira sur Borisow pour revenir au-
devant de nous.

Le 22, nous poursuivîmes notre marche en ralliant les Polo-

---

(1) Dombrowski (Jean-Henri), attaché comme volontaire à l'état-major du général Jourdan en 1796; général de division, commandant les 1ʳᵉ et 2ᵉ légions polo-
naises à l'armée d'Italie, le 30 octobre 1796; commandant la légion polonaise,
dite d'Italie, en 1800; inspecteur général des corps polonais en 1801; commandant
une division du 5ᵉ corps de la Grande Armée en 1812; commandant le corps d'observation le 11 août 1813; commandant en chef le 8ᵉ corps de la Grande Armée,
en octobre 1813; rentré en Pologne en 1814. Blessé à la Trebbia, à Borisow. Officier
de la Légion d'honneur. (Archives adm. Min. de la Guerre.)

nais, supposés fort compromis sur la rive droite de la Bérézina où ils étaient restés isolés après l'évacuation de la tête de pont.

Ce retour nous causa une agréable surprise. Le 6e polonais, présentant un effectif de 500 hommes à peine, était commandé par le colonel Sierawski dont le maréchal Oudinot loua la résolution, la présence d'esprit, pour s'être tiré, avec succès, d'une situation aussi délicate. Ce corps avait profité, pour traverser la Bérézina, du gué de Studianka que le général Corbineau nous avait indiqué le matin même, et où il avait passé avec sa brigade en venant de Welteïka par Zembin. C'est la concordance de ces rapports qui décida le maréchal à proposer ce point à l'Empereur pour y effectuer le passage de l'armée, dans le cas où la route plus directe de Minsk aurait été fermée.

On laissa le général Maison, commandant la 8e division, avec le parc à Natcha. Le maréchal Oudinot prit position le même soir à Lochnitza, où nous fûmes rejoints par la brigade de cavalerie légère Corbineau, qui avait enfin abandonné le comte de Wrède.

Le 23 (1), en quittant le bivouac de Lochnitza pour continuer notre mouvement, nous empruntâmes à la division Dombrowski

---

(1)   ORDRE.

Les troupes du 2e corps marcheront aujourd'hui dans l'ordre suivant :

La 5e brigade de cavalerie légère, les 2e et 7e hulans polonais avec un ou deux bataillons d'infanterie légère, formeront l'avant-garde, qui recevra des ordres de M. le général de division comte Legrand.

La 6e division d'infanterie suivra l'avant-garde.

La 9e division suivra la 6e.

La 3e division de cuirassiers suivra immédiatement la 9e division d'infanterie.

Le mouvement commencera au reçu du présent ordre et on se dirigera sur Borisow.

La réserve marchera entre les cuirassiers et l'infanterie.

A Lochnitza, le 23 novembre 1812.

P. O. de Son Excellence :

Le général chef de l'état-major,

BARON DE LORENCEZ.

M. le général Dombrowsky marchera également sur Borisow à la suite de la division du général Merle avec tout ce qu'il pourra réunir de la sienne.

En arrivant sous Borisow, on lui remettra toutes les troupes de sa division à Lochnitza, après son arrivée. La 8e division d'infanterie continuera sa marche sur Borisow. (Minutes de la correspondance du maréchal Oudinot. — Archives du comte de Lorencez.)

les 2ᵉ et 7ᵉ régiments de uhlans polonais, afin de renforcer l'avant-garde. Ils se conduisirent avec distinction.

Après moins de deux heures de marche, nous nous trouvâmes en présence d'une division russe commandée par le général Lambert. Elle fut aussitôt abordée et culbutée par la seule division du général Legrand.

A partir de ce moment, l'ennemi décontenancé fut poursuivi sans relâche jusqu'à Borisow, et de si près que, voulant mettre la rivière entre lui et nous, il ne nous disputa pas l'entrée de la ville. Il se hâta de passer un petit pont qu'il fit sauter, laissant en notre pouvoir quelques centaines de prisonniers et une partie de ses bagages. Cet obstacle nous fit perdre quelques minutes dans une conjecture où le moindre instant était si précieux !

Nos voltigeurs, qui avaient traversé le ruisseau, parvinrent au grand pont sur la Bérézina et eurent la douleur de le voir sauter au moment où ils en approchaient ; le feu fut mis en trois endroits, tant on s'était précautionné pour assurer sa destruction. Il ne resta, du côté de la ville, que 700 à 800 hommes qui furent faits prisonniers, quelques caissons et une grande quantité de voitures chargées de vivres et de bagages.

Le soir même, le maréchal Oudinot fit partir pour Studianka le général Aubry (1), commandant l'artillerie, la brigade Corbineau avec un régiment d'infanterie et une compagnie de pontonniers.

Nous eûmes connaissance, à Borisow, de trois passages réputés guéables, savoir : Oukholoda, à deux milles au-dessous de cette ville ; Stadthof, à un mille au-dessus ; enfin Studianka. On

---

(1) Le général d'artillerie Aubry ayant été dirigé sur Studianka, la nuit même qui suivit notre entrée à Borisow, il n'eut donc aucune part, comme on l'a dit, aux démonstrations destinées à tromper l'amiral Tchitchakoff, et dont la pensée appartient au maréchal Oudinot. La correspondance du maréchal avec le prince de Neuchâtel en fait foi. Napoléon n'avait rien prescrit. Le duc de Reggio prit, de sa propre initiative, la précaution de se saisir du chemin du marais de Zembin (a), sans lequel l'armée aurait eu toute retraite coupée, une fois la Bérézina passée. Le colonel Marbot, aujourd'hui général et aide de camp du duc d'Orléans, y fut envoyé à cet effet. (Note du général de Lorencez.)

(a) Rien de plus important que d'occuper le chemin qui conduisait à Zembin, parce qu'à une lieue et demie de Studianka, il traversait un bois marécageux, impraticable pour les voitures, excepté par les fortes gelées et dans les grandes chaleurs. (*Histoire de l'Expédition de Russie,* par le marquis de Chambray.)

fit reconnaître ces points autant que l'obscurité de la nuit pouvait le permettre. On les trouva tous gardés (1).

Les deux premiers étaient, du reste, trop en vue de la masse des forces de l'ennemi pour tenter le maréchal Oudinot qui n'a jamais varié sur la préférence accordée au dernier.

Voici ce qu'il écrivait, le 24 au soir, au prince de Neuchâtel : « Je me suis fixé sur le point de Studianka, où je compte effectuer mon passage cette nuit et demain matin. Je multiplie les démonstrations à Stadthof et surtout à Oukholoda, afin de donner le change à l'ennemi. »

Toute la division de cuirassiers avait, en effet, défilé avec pompe sur Oukholoda, où on avait sondé le gué avec affectation et amassé des matériaux.

Aucun de ces mouvements ne pouvait échapper aux Russes.

On ramassa dans la ville quelques juifs qu'on fit venir le soir à l'état-major; on les interrogea minutieusement sur la route de Borisow à Bérézino et de cet endroit à Ighumen et Minsk; on parut convaincu que ce trajet était celui qui présentait le moins d'obstacles. Quelques juifs furent gardés pour servir de guides;

---

(1)   *Au Major général.*

Borisow, le 24 novembre 1812,
5 h. 1/2 du matin.

Monseigneur, ainsi que j'ai eu l'honneur de l'annoncer à Votre Excellence, j'ai envoyé dans la nuit reconnaître le gué de Studianka, qui était occupé par l'ennemi, ainsi qu'elle le verra par le rapport du général Corbineau.

Il existe encore deux passages, l'un à Stadthof, à un mille au-dessus, l'autre à Oukholada, à deux milles au-dessous de Borisow. Les mouvements qu'on a remarqués hier au soir sur les deux flancs de l'ennemi avaient pour objet l'occupation de ces passages, qui sont tous gardés. Il a été impossible de faire, durant la nuit, des reconnaissances assez exactes pour s'assurer quel est le point le plus favorable pour jeter un pont. Je me propose de faire aujourd'hui des démonstrations sur tous les points indiqués ci-dessus, de tenter le passage et de jeter un pont dans la nuit, sur celui que j'aurai choisi. J'ai 20,000 hommes devant moi, qui se porteront sans doute sur le point où je chercherai à effectuer mon passage; je n'ose donc garantir le succès de cette entreprise, quoique bien résolu à tout tenter pour la faire réussir.

D'après les renseignements qu'on a recueillis ici, il paraît que les Russes sont persuadés que l'Empereur veut passer ici la Bérézina, qu'hier, l'avant-garde de Langeron était arrivée et qu'on annonçait enfin l'arrivée de l'amiral Tchitchakoff. Wittgenstein a fait annoncer sa prochaine jonction. Le prince Schwartzenberg suit d'assez près le général Müller, qui commande les trois divisions que l'ennemi a laissées devant lui, et cette poursuite inquiète les Russes. On ajoute enfin que les troupes qui avaient d'abord été dirigées sur Wilna ont été rappelées.

Recevez, etc.   Le maréchal, duc DE REGGIO.

(Minutes de la correspondance. — Archives du comte de Lorencez.)

on lâcha les autres en les faisant reconduire au delà de nos avant-postes et en leur faisant promettre qu'ils reviendraient dans la direction de Bérézino nous informer des mouvements de l'ennemi. On connaissait assez leurs mauvaises dispositions pour se flatter qu'ils ne seraient pas discrets.

Je ne saurais dire si tout cela eut quelque influence sur les résolutions de Tchitchakoff; ce qui est sûr, c'est que le passage de Studianka, qui, d'après les rapports des généraux Aubry et Corbineau, était fortement occupé, se trouva dégarni le 25 et que nous n'éprouvâmes pas de résistance. L'Empereur fit témoigner de l'impatience au sujet du passage et de la décision que nous avions prise.

Dans sa position, abstraction faite de son caractère, cela se conçoit. La question est de savoir si, dans une circonstance aussi grave, il était possible de lui faire moins attendre une détermination positive! Je ne le pense pas. Le duc de Reggio était, d'ailleurs, loin d'être sans inquiétude sur le passage à Studianka (1). Il avait à craindre de se trouver avec deux armées

---

(1)   *Au Major général.*

Borisow, le 24 novembre 1812,
à 5 heures du soir.

Monseigneur, Votre Altesse Sérénissime verra par le rapport de M. le général Aubry, qui revenait de Studianka au moment où j'ai reçu sa dernière dépêche, que le passage est encore loin d'être assuré. L'ennemi paraît ne point prendre le change et il est certain que ce sont maintenant les troupes de Steingel, venues par Bérézino, qui sont devant ce gué. Ceci explique le mouvement vers la droite que l'ennemi a fait aujourd'hui. Un paysan ayant servi hier de guide à une colonne d'environ 6,000 Russes qui s'était portée vers leur gauche, et qui s'est échappé de leurs mains, a déclaré que cette colonne avait fait aujourd'hui un mouvement inverse.

Mais, malgré les obstacles que présente le passage à Studianka, je pense que nous parviendrions à les surmonter, si j'étais promptement soutenu, car, en peu d'heures, je puis me trouver entre deux corps ennemis.

J'avais ordonné mon mouvement et il devait commencer à 6 heures; mais ceci me paraît d'une conséquence trop sérieuse pour ne pas le différer et attendre les ordres de Votre Majesté, d'autant, surtout, qu'ils peuvent m'arriver encore à temps pour que ce mouvement s'opère dans la nuit, puisque nous n'avons que trois lieues d'ici au point de passage.

Je joins à cette lettre un croquis de la reconnaissance qui a été faite à Oukholoda, village situé sur la route de Bérézino, à deux milles d'ici, et que j'ai occupé jusqu'à présent.

J'ai fait reconnaître par un parti le gué de Vésélovo et on l'a trouvé également gardé par de la cavalerie et de l'infanterie. Ce gué n'est qu'à une lieue au-dessus de celui de Studianka.

Le maréchal, duc DE REGGIO.

(Minutes de la correspondance. — Archives du comte de Lorencez.)

sur les bras, et cela aurait dû se produire si Wittgenstein avait fait son métier, car il ne lui fallait pas grand'chose pour amuser le duc de Bellune. Il pouvait se trouver à Zembin avec le gros de son armée, et, dans ce cas, notre passage devenait impossible.

Le maréchal Oudinot, comme il était de son devoir, laissait entrevoir ce danger au Prince Major général. L'on sait qu'en fait d'obstacles, l'Empereur ne voulait pas que d'autres que lui les aperçussent. C'était de la prévoyance et non de l'incertitude. Les travaux des ponts ne s'en poursuivaient pas moins et, dans tous les cas, nous savions bien qu'il n'y avait plus moyen de s'en dédire.

En manifestant ses craintes, le maréchal espérait qu'on le ferait soutenir; mais, au cours d'une visite qu'il fit dans l'après-midi à l'Empereur, à Lochnitza, au spectacle du désordre qui frappait ses regards pour la première fois, plus encore à la situation d'esprit de Napoléon et aux larmes du prince de Neuchâtel, il sut à quoi s'en tenir. Il vit bien qu'il n'y avait plus qu'à fermer les yeux et à s'abandonner à la fortune! En revenant de cette visite, il me frappa sur l'épaule, et me dit ce seul mot : « Pultawa ! »

Le maréchal fut blessé en avant de la Bérézina, au moment où il venait d'appeler Doumerc pour lui faire exécuter une charge qui fit un grand carnage de Russes et ramena 1,500 prisonniers.

Le général de Candras (1), commandant une brigade suisse, fut tué. J'eus, pour ma part, deux chevaux tués sous moi. Rien de tout cela n'était seulement remarqué, tant l'attention était

---

(1) SAVETIER CANDRAS (Jacques-Lazare), né à Epoisses (Côte-d'Or), le 24 août 1768. Soldat au 7º bataillon de Paris le 3 septembre 1792; nommé sous-lieutenant le 9 mai 1793; passé chef de bataillon au 2e bataillon des Côtes-Maritimes le 27 mai 1793; nommé chef de la 4e demi-brigade de ligne le 20 ventôse an VIII (11 mars 1800); remplace le citoyen Frère, passé dans la garde consulaire le 1er pluviôse an VIII (31 janvier 1800); nommé général de brigade le 23 germinal an XII (13 avril 1804); a reçu un coup de feu à la cuisse droite le 24 brumaire an V, à la bataille de Caldéro, armée d'Italie. (Contrôles du corps.) — Pour Candras et la brigade suisse, voir *Histoire des Troupes suisses au service de la France sous le règne de Napoléon Ier*, par H. de Schaller. Lausanne, Jener et Payot, 1883.

L'Empereur donna un éclatant témoignage de reconnaissance à la famille du général Candras en investissant sa fille du majorat précédemment conféré au père. Cet exemple ne s'est renouvelé qu'une seule fois; c'est à la mort du grand maréchal du palais Duroc, duc de Frioul, dont le titre et le majorat furent également transmis à sa fille.

absorbée par la gravité de la situation ! Je perdis tous mes équipages, la correspondance des deux corps d'armée, sauf le portefeuille des lettres courantes.

Je veux m'en tenir là au sujet de cette campagne, car, s'il fallait redresser tous les jugements hasardés et toutes les bévues familières aux faiseurs de relations, des volumes n'y suffiraient pas.

J'attendrai donc avec calme que le temps en fasse justice, ce qui ne saurait tarder.

1813 — 1832

A ma rentrée en France, fin janvier 1813, j'obtins un congé de trois mois bien nécessaire à ma santé, fort ébranlée, et me rendis à Bar, dans la famille de ma femme : mais, dès le 13 mars, je reçus le commandement de la 3ᵉ division du corps d'observation d'Italie (1), que je devais rejoindre sans délai, par Wurtzbourg et Inspruck, dans sa marche vers l'Allemagne.

Ma division passa bientôt sous les ordres du duc de Reggio (2).

Je ne parlerai pas de la bataille de Lutzen, à laquelle notre corps d'armée, placé en réserve, ne prit aucune part.

COMBAT DE NEUKIRCHEN.

(18 mai 1813.)

L'affaire de Neukirchen (3) précéda de quelques jours la bataille de Bautzen. L'attaque de Neukirchen présentait certaines difficultés, car, pour arriver à ce village, nous devions nous

---

(1) Commandé par le général comte Bertrand. Le corps d'observation de l'armée d'Italie devait former le 4ᵉ corps de la Grande Armée ; ses divisions portaient les numéros 12, 13, 14, 15, sous les ordres des généraux Morand, Pacthod, Lorencez, Peyri.

(2) Arrivées près de Bamberg, les 13ᵉ et 14ᵉ divisions reçurent l'ordre de se séparer du 4ᵉ corps et de se porter sur cette place, où elles devaient former le 12ᵉ corps avec la division bavaroise du général Raglowich.

(3) La division comprenait deux brigades : la première, composée du 52ᵉ et du 137ᵉ, était sous les ordres du général Brun de Villeret ; la deuxième, formée du 5ᵉ provisoire et du 156ᵉ, avait pour chef le général Gruyer. L'effectif de la division, au 25 avril, était de 237 officiers et 9,681 hommes.

engager dans une gorge où l'ennemi, qui nous dominait, nous harcela de son feu pendant notre marche en colonne. Le hasard fit que nous n'eûmes pas même un homme blessé. Neukirchen fut débordé, et, dans la crainte de voir leur retraite coupée, les Russes l'évacuèrent; mais, auparavant, leur cavalerie chargea le 52ᵉ de ligne, qui se forma en carrés et ne se laissa pas entamer.

BATAILLES DE BAUTZEN ET DE WURSCHEN.

(20 et 21 mai 1813.)

Le jour de Bautzen, le corps du maréchal Oudinot était à l'extrême droite et eut affaire aux troupes de Gortschakoff.

Ma division reçut l'ordre d'enlever une ligne de hauteurs dominant la Sprée, plantée de sapins fort espacés et coupée de chemins d'exploitation, de sorte que l'infanterie et même l'artillerie pouvaient manœuvrer tout à leur aise dans ces bois.

Finalement, on aborda à la baïonnette l'ennemi retranché derrière des monceaux d'abatis; mais, tout braves qu'ils étaient, les Russes durent battre en retraite et furent accompagnés à coups de fusil assez loin dans la forêt. La poursuite continua avec la nuit. Le bruit incessant de la fusillade, les éclairs du canon jetant leur lumière sur les combattants et sur les immenses troncs lisses des sapins, formaient une décoration fantastique à cette scène qui ressemblait ainsi, en plus des morts et des blessés, à une bataille de théâtre. Le feu ne cessa qu'à onze heures du soir; la nuit était profonde et nous bivouaquâmes sur place.

Le combat reprit à la pointe du jour, l'ennemi voulant reconquérir le terrain perdu la veille; ma division en supporta tout le choc. Les Bavarois du général Raglovich (1) vinrent me soutenir, mais l'excès de fatigue chez nos jeunes soldats et le

---

(1) RAGLOVICH (Clément von), né le 29 juin 1776, mort le 3 janvier 1836, servit d'abord dans la marine autrichienne, entra en 1780 dans l'armée de Croatie et passa le 23 janvier 1803, comme colonel, au service de la Bavière. Il fit toutes les campagnes à partir de 1793, fut nommé en 1807 général-major, en 1813 général-lieutenant, et se distingua à Bautzen, à Desmawitz. Raglovich fut un représentant remarquable de l'esprit scientifique dans l'armée. En 1817, il reçut la direction du bureau topographique; il fut général-quartier-meister en 1820 et, en 1822, *ad latus* de De Wrède.

manque de munitions nous forcèrent à abandonner, devant les attaques incessantes de troupes toujours fraîches, une position sur laquelle nous nous maintenions depuis dix-huit heures.

Nous reculions pas à pas, criblés par les boulets et la mitraille; ce mouvement de recul ne fut du reste pas de longue durée, et nos divisions s'élancèrent pour la sixième fois à l'assaut des bois, aux cris de : « Vive l'Empereur! » Je marchais à la tête du 156ᵉ régiment (1), lorsqu'une balle et un boulet me fracassèrent en même temps les deux jambes; je dus céder au général Brun (2) le commandement de la division aux trois quarts détruite.

L'Empereur, approuvant mes marches et contremarches, daigna mettre au Bulletin (3) mon nom et mes blessures; quelque temps après, il m'accorda le titre de comte.

Combien de pauvres troupiers, toujours en ligne comme moi, dont les noms ne figuraient jamais au Bulletin! Mais, si j'avais été tué, peut-être Napoléon se fût-il souvenu que j'étais, moi aussi, un des vétérans de l'armée d'Italie!

Transporté à Dresde, chez M. Meismer, dans la Scheffelgasse, j'y restai de longues semaines, et mes souffrances me semblaient

---

(1) Commandé par le colonel OUDOT, né à Ornans (Doubs), le 20 septembre 1768; entré au service comme lieutenant d'une compagnie de volontaires le 6 août 1792. Il fit les campagnes de la Révolution aux armées du Rhin, d'Allemagne, d'Angleterre, du Danube, et reçut deux coups de feu au passage de la Limath (25 septembre 1799). Chef de bataillon en 1803, il reçut la croix d'officier de la Légion d'honneur pour sa brillante conduite à Ulm et à Austerlitz. Oudot fut nommé major en 1809, combattit en Espagne et vint prendre, le 1ᵉʳ février 1813, le commandement du 156ᵉ. La maladie l'obligea à quitter momentanément l'armée, mais il reprit du service en 1814, reçut le commandement d'une brigade et fut tué à la bataille de Paris.

(2) Il avait reçu, trois jours avant la bataille, le 18 mai, le grade de général de brigade.
Le général comte BRUN DE VILLERET, né à Malzieux (Lozère), le 3 février 1773, prit du service en 1793, comme capitaine au bataillon de 1ʳᵉ réquisition du district de Saint-Cheley (Lozère), puis entra comme sous-lieutenant élève à l'Ecole d'artillerie de Châlons, le 12 mars 1793. Il passa, comme capitaine, le 12 octobre 1804, au 2ᵉ régiment d'infanterie légère, fut aide de camp du maréchal Soult, se distingua en Espagne et reçut le même jour le grade de colonel et la croix d'officier de la Légion d'honneur. Pendant les Cent-Jours, il refusa de prendre du service et se retira dans sa terre de Malzieux où il donna asile au maréchal Soult après le 18 juillet 1815. Admis à la retraite, il fut replacé en activité en 1830, nommé lieutenant général en 1831 et placé dans la section du cadre de réserve en 1841. Il mourut le 21 février 1845. (Arch. adm. Min. de la Guerre.)

(3) « Dans les batailles du 20 et du 21, le général wurtembergeois Franquemont et le général de Lorencez ont été blessés. »

d'autant plus pénibles à supporter que je n'avais pas reçu mes dernières lettres de service. Elles m'étaient pourtant indispensables, afin de prouver plus tard que ce n'était pas en fraude, mais bien légitimement, que je m'étais fait casser une cuisse à la bataille du 21 et traverser l'autre d'une balle (1).

On me remit enfin ces lettres, avec un congé de six mois, et je m'acheminai à petites journées vers la France; le voyage fit rouvrir mes blessures. J'étais devenu impotent; l'équitation m'était à jamais interdite!

C'est dans ma propriété de Marbot (2), près Bar, que j'appris la défaite de Leipsick, et j'avoue que je ne reconnus plus le génie de Napoléon, livrant bataille avec une armée aussi nombreuse, ne se laissant qu'un malheureux pont comme ligne de retraite.

1814

Je supportais avec impatience mon inaction, quelque légitimes qu'en fussent les causes; rien ne me paraissait plus cruel à moi, serviteur dévoué et fidèle, n'ayant jamais cessé de combattre depuis vingt ans, que de ne pouvoir jouer un rôle dans un moment aussi décisif. Aussi, dès que mes blessures furent cicatrisées, malgré une ankylose du genou et un raccourcissement de près de deux pouces de la cuisse cassée, je demandai au ministre de disposer de moi, en me confiant des fonctions n'exigeant pas un exercice corporel au-dessus de mes forces.

Je reçus, le 12 janvier 1814, le commandement de Cherbourg et de sa division militaire.

---

(1) Certificat du chirurgien principal chargé de la direction des hôpitaux de la Saxe :

« Dresde, le 2 juillet 1813. — Je, soussigné, certifie que le comte de Lorencez, général de division, a une plaie située à la partie antérieure inférieure de la cuisse gauche, à la suite d'un coup de boulet qui a fracturé l'os fémoral, à la bataille de Wurschen, le 21 mai; une seconde plaie très large, située à la partie moyenne interne de la cuisse droite, à la suite d'un coup de feu reçu à la même bataille. (Arch. adm. Min. de la Guerre.)

(2) Le général de Lorencez avait acheté une maison entourée de cultures et de vignes, située dans un faubourg de Bar appelé *Marbot*. Il y demeura neuf ans. Sa famille s'étant augmentée, la maison devint insuffisante et il fit dans la ville même l'acquisition d'une habitation plus spacieuse.

La terre de Marbot fut morcelée à la construction du chemin de fer et il serait impossible, aujourd'hui, de reconstituer cette propriété où nous avons passé de si heureux jours. (Note transmise par Mme Ragon, fille du général de Lorencez.)

Il ne me fut malheureusement pas donné de prendre part à la campagne de France, pendant laquelle l'Empereur retrouva et déploya ses plus belles qualités.

Puis vinrent l'abdication, le désarroi dans tous les pouvoirs, l'incohérence politique.

Ce qui suit en est un exemple frappant.

Débarquement du duc de Berry a Cherbourg.

Mon collègue dans le commandement de Cherbourg, l'amiral de Molini, préfet maritime, vint un jour me prévenir qu'on signalait au large de la rade un bâtiment anglais, ayant à son bord Mgr le duc de Berry; que ce prince avait l'intention de débarquer, et qu'il redoutait fort l'accueil d'un vieux grognard de mon espèce.

Je demandai des ordres au gouvernement du prince de Bénévent, simulacre de l'autorité, et, carte blanche m'étant laissée, je pris sur moi d'autoriser le débarquement.

La joie de Son Altesse Royale se manifesta aussitôt par des cajoleries sans fin. Elle voulut m'emmener avec Elle dans sa voiture, et, heureuse de se renseigner sur l'état des esprits auprès d'un ancien soldat de la Révolution, Elle ne tarit pas en questions tout le long de la route (1). Elle m'offrit même d'organiser sa maison militaire. Je lui répondis que je serais heureux d'accepter quelque commandement à la tête des troupes, mais que je n'avais ni le caractère ni les aptitudes pour exercer des fonctions à la Cour. Cela ne parut pas déplaire au duc de Berry qui, détachant sa croix de Saint-Louis, me la remit « en me déclarant chevalier, selon les pouvoirs qu'il tenait du Roi, son oncle ».

En effet, ma création data de ce moment, malgré la malveillance de la Chancellerie qui refusait de la reconnaître. La hautaine et violente intervention du Prince mit bon ordre à cette mesquinerie.

---

(1) « Le général de Lorencez commandait à Cherbourg; ce fut la première autorité militaire qui reçut le Prince. Il l'accompagna à Paris, et nous parut subjugué par la franchise, la bonté, l'esprit et jusqu'à l'extrême vivacité de M. le duc de Berry, lequel, de son côté, n'avait pas voulu se séparer du général durant le trajet. Ils avaient voyagé de fête en fête; le Prince en avait la tête réellement perdue de bonheur... » (Le maréchal Oudinot, duc de Reggio, d'après les *Souvenirs inédits* de la Maréchale, par Gaston Stiegler.)

Mon fils (1) naquit à cette époque. Mgr le duc de Berry voulut le tenir sur les fonts baptismaux et lui donna des noms. Suivant la coutume, M. le comte de La Ferronnays, premier aide de camp, représenta le Prince à la cérémonie.

Tant que Monseigneur vécut, j'eus maintes fois à me louer de sa bienveillante amitié; jamais il ne laissa dans l'oubli celui qui avait, le premier, tenté de l'initier à l'esprit de l'armée, et toutes les grâces que le roi Louis XVIII m'accorda le furent par son entremise.

Mes idées sur l'organisation de l'armée, mes inspections générales lui ayant plu, son désir était de me voir entrer dans une des combinaisons ministérielles, comme secrétaire d'Etat à la Guerre. Il m'offrit aussi le commandement de l'Ecole Polytechnique, que je déclinai. J'avais toute ma vie servi dans l'état-major ou dans les corps de troupe, et je ne me sentais guère préparé aux fonctions de chef d'institution.

1815

Pendant les Cent-Jours, les familles se divisèrent; le général comte Pajol, mon beau-frère, embrassa le parti de l'Empereur, et le maréchal Oudinot, mon beau-père, fut fidèle à la Restauration.

Le Roi m'avait nommé inspecteur général d'infanterie et j'étais en opération à Longwy lorsque la nouvelle du débarquement de Napoléon y parvint. J'entrevis avec douleur tous

---

(1) LORENCEZ (Charles-Ferdinand Latrille, comte de), né à Paris le 23 mai 1814. Elève à l'Ecole spéciale militaire le 4 décembre 1830. Lieutenant au 11e régiment d'infanterie légère le 9 avril 1838. Capitaine au même régiment le 28 octobre 1840. Chef de bataillon au régiment de zouaves le 8 novembre 1847. Lieutenant-colonel au 7e régiment de ligne le 16 janvier 1850. Colonel au 49e régiment de ligne le 30 décembre 1852. Général de brigade à l'armée d'Orient le 11 juin 1855. Commandant le corps expéditionnaire du Mexique le 20 janvier 1862. Général de division le 20 mars 1862. Autorisé à rentrer en France, sur sa demande, le 6 décembre 1862. Commandant la 3e division d'infanterie du 4e corps de l'armée du Rhin (général de Ladmirault) le 16 juillet 1870. Admis, sur sa demande, à faire valoir ses droits à la retraite par décision ministérielle du 31 mai 1879. Décédé à Laus (Basses-Pyrénées), le 23 avril 1892. Blessures : Un coup de feu au flanc droit le 26 novembre 1849, au siège de Zaatcha. Un coup de feu à la hanche droite à l'attaque de la tour de Malakoff, le 18 juin 1855. A été cité cinq fois à l'ordre de l'armée.

Le général de Lorencez avait épousé, le 27 novembre 1856, Euphémie-Caroline-Marie-Nicolasse Lloret.

les périls dont ce retour menaçait la France, et ma conscience me rend le témoignage que je ne négligeai rien pour imposer à la garnison de Longwy des sentiments de fidélité envers Louis XVIII.

Je me rendis à Metz afin d'y prendre les ordres du gouverneur, le maréchal duc de Reggio ; j'appris en arrivant qu'une émeute l'avait obligé d'en sortir (1). Je quittai moi-même bientôt la ville et me retirai à Bar-le-Duc, où l'agitation des esprits n'était pas moindre. Abandonnant de nouveau cette ville pour me diriger sur Paris, j'y arrivai le 1er avril.

Le 15 du même mois, je reçus du ministre de la Guerre l'ordre de retourner à Metz pour y organiser les gardes nationales mobiles.

Les instructions ci-dessous étaient jointes à cet ordre :

« Général, en rendant au peuple français, avec ses droits méconnus, sa première énergie et la conscience de ses forces, l'Empereur se hâte d'en régler l'emploi par l'organisation des gardes nationales dans tous les départements de l'Empire.

« Sa Majesté vous charge de la mission la plus importante : Elle vous commet le soin de former ses nombreux bataillons dans les mêmes vues, avec le même esprit, le vrai patriotisme qui les enfanta, qui fit prévaloir contre tant d'obstacles et fait

---

(1) Voici comment la maréchale Oudinot raconte le départ du duc de Reggio :

« Seule, au coin de ma cheminée, je rêvais tristement aux événements du jour et à ceux qu'ils devaient amener, lorsqu'un bruit sourd, dont je ne me rendis pas bien compte d'abord, se fit entendre ; puis il s'enfla tellement en approchant que je me mis à ma fenêtre, d'où je vis la place d'Armes littéralement couverte de monde. Éperdue, je descendis chez mon mari que je trouvai écoutant le rapport de gens effarés qui lui annonçaient l'émeute la plus compacte et la plus décidée. « Eh bien ! disait le Maréchal, que croient-ils ? Que veulent-ils ? — Les uns disent « que M. le duc de Berry est ici, et que c'est pour lui conserver un refuge que vous « avez déclaré la ville en état de siège ; les autres disent qu'on va ouvrir les portes « aux Prussiens. » Ces paroles furent accueillies par un froid dédain ; le Maréchal me dit seulement : « Montez, ma chère, et restez chez vous. » Le visage collé à ma croisée, l'oreille bien ouverte, je vis et j'entendis l'émeute qui montait comme le flot de la mer. On voulait forcer les portes de l'hôtel ; ce fut alors que le Maréchal sortit et fut se mêler à la masse. Il parla et fut écouté..... La nuit entière se passa à recevoir des rapports de toute nature et à recevoir des ordres multipliés. Le jour montra la ville encore agitée mais moins menaçante..... A la fin de la matinée, j'entendis un redoublement de bruit, mais cette fois c'était des cris de joie. Toutes les têtes étaient levées ; je suivis la direction générale et je vis qu'on arborait en face de moi, sur la plus haute des tours de la cathédrale, le drapeau tricolore. Tout était consommé ! L'autorité du Maréchal était méconnue, il n'avait plus qu'à se retirer. » (Le maréchal Oudinot, d'après les *Souvenirs inédits* de la Maréchale, par Gaston Stiegler.)

triompher encore aujourd'hui, sous les mêmes couleurs et sous les aigles impériales, les principes de la Révolution qui s'achève.

« Pénétrez-vous bien, général, des intentions de l'Empereur. Il accomplit à la fois toutes ses promesses, il appelle la nation à garantir elle-même sa liberté; il appelle aux armes tous les citoyens qui veulent la défendre. L'unanimité de sentiments et d'efforts est si évidente, le succès est si certain, que les fauteurs de la guerre étrangère, qui feignent de prévoir et de craindre de nouvelles agressions du peuple français, redoutent bien plus sa sagesse que ses excès.

« L'assemblée du Champ-de-Mai dissipera ces nuages; ses actes discréditeront, au dehors comme au dedans, tous les mensonges politiques; on ne pourra ni taire, ni dénaturer aux yeux des peuples de l'Europe la volonté de la nation française de conserver la paix par son entière indépendance.

« Mais pour la faire respecter, pour que les passions individuelles, revêtues d'un faux zèle pour l'intérêt des peuples qu'elles trahissent, ne repoussent point cette même garantie nationale, que naguère elles invoquaient frauduleusement, l'Empereur veut que le développement des forces pour la défense absolue du territoire soit si considérable et si prompt, que la modération du gouvernement français ait toute sa valeur, et que les nouveaux perturbateurs du repos de l'Europe ne trouvent plus de prétexte et soient forcés de jeter le masque, afin de nous laisser jouir en paix du fruit de nos travaux.

« Vous le voyez, le temps presse; déjà mes premières instructions vous ont fait connaître la destination des officiers généraux, officiers supérieurs et autres que j'ai mis à votre disposition, conformément au décret du 10 avril, soit pour concourir avec les autorités civiles aux opérations de l'organisation, soit pour être employés dans les états-majors des bataillons de grenadiers et chasseurs.

« Ces officiers, par une décision interprétative de l'Empereur, sont mis à la disposition du ministre de l'Intérieur, correspondent avec lui pour tout ce qui concerne l'organisation, l'habillement, l'équipement, l'armement de la garde nationale.

« Vous correspondrez vous-même avec le ministre de l'Intérieur.

« Vous trouverez ci-joints les décrets; j'y joins aussi l'instruction que le ministre de l'Intérieur a adressée à MM. les Préfets pour en développer les principales dispositions et prévenir les déviations. Je me bornerai donc à vous recommander de vous conformer à ces mêmes instructions, et de maintenir le plus parfait accord entre les autorités locales et les officiers généraux et supérieurs appelés à concourir avec elles à la formation des comités d'arrondissement et de département.

« Ne souffrez pas, général, que le petit nombre de malveillants, toujours prêts à attiédir le patriotisme, à multiplier les obstacles et les vaines terreurs, éloignent de vous la confiance que doivent inspirer les résolutions généreuses de l'Empereur. Les gardes nationales, et particulièrement les bataillons d'élite, sont uniquement appelés à la conservation des places, citadelles et forts sur la ligne des frontières. Ils y relèvent les corps de l'armée qui, rendus mobiles entre ces points fixes, doivent, en s'y appuyant, manœuvrer pour repousser toute agression, en cas de violation de territoire. Cette défensive est le poste d'honneur des gardes nationales; c'est là seulement qu'elles ont à combattre avec tout l'avantage des points fortifiés par la nature et par l'art; et pour la juste cause, pour leurs propres foyers, sur les boulevards de la Patrie. »

Le 15 juin, le lieutenant général comte Belliard (1), en arri-

---

(1) BELLIARD (Augustin-Daniel, comte), pair de France, né le 25 mai 1769 à Fontenay (Vendée).

« Le jeune Belliard concourut à former, en 1789, une compagnie de jeunes citoyens qui rendirent beaucoup de services à la commune de Fontenay-le-Comte. En avril 1791, sa compagnie fut incorporée dans la garde nationale et il fut élu lieutenant; au mois de novembre de la même année, il s'inscrivit le premier pour un bataillon destiné à marcher à la frontière et fut nommé capitaine. En août 1792, il fut employé comme adjoint aux adjudants généraux au camp de Maulde. Au mois de mai 1793, il résista aux sollicitations du général Dumouriez, las de sa défection, mais fut mandé au Comité de Sûreté générale et parvint à se justifier. Le 13 juillet 1793, il reçut l'ordre de traduire Westermann à la barre de la Convention. Ayant rempli sa mission, il éprouva le refus de retourner à son poste et fut suspendu provisoirement de ses fonctions.

« Le ministre Bouchotte écrivit au Comité de Salut public, qui lui demandait des explications sur la conduite de Belliard : « Il m'est arrivé des avis qu'on ne le « croyait pas républicain; je me suis rappelé qu'au moment de partir pour la « Vendée, il m'avait montré quelque répugnance à servir contre ce pays où il avait « des parents. » (Renseignements particuliers. Arch. Min. de la Guerre.)

En l'an V, Belliard refusa le grade de général de brigade « sur les motifs qu'il était trop jeune encore pour avoir acquis l'expérience et les connaissances nécessaires ». En Égypte, il reçut au siège du Caire une balle qui lui traversa le ventre; il remporta avec Desaix la victoire d'Héliopolis. Dans une lettre datée de Brunn, le 16 février an XIV, et écrite entièrement de sa main, Murat demande à l'Em-

vant à Metz pour y prendre le commandement supérieur des 3e et 4e divisions militaires, me transmit un ordre du ministre qui m'enjoignait de partir dans deux heures pour me rendre à Paris.

J'obéis. Je rendis compte de mon arrivée sans me présenter nulle part et sans m'informer du motif qui m'avait fait rappeler si brusquement, quoique les criailleries dont j'avais été l'objet à Metz ne me permissent guère de douter qu'on ne fût mécontent de l'esprit de modération apporté constamment par moi au milieu de l'exaltation la plus violente. Les événements me délivrèrent bientôt de toute inquiétude à cet égard.

Je me dispensai de paraître chez le gouverneur de Paris, bien que j'y fusse appelé, et n'obéis pas davantage à l'ordre qui me fut adressé de suivre le quartier général de M. le maréchal Davout, soit lorsqu'il était à Paris, soit lorsqu'il se porta sur la Loire.

Depuis le 17 juin, époque de mon retour à Paris, jusqu'au moment de la rentrée du Roi dans la capitale, je ne sortais que pour aller à l'hôtel du duc de Reggio, rendez-vous de quelques fidèles serviteurs de Sa Majesté, qui voulaient bien me confier leurs projets et m'y associer.

Mais j'avais repris du service avec Napoléon, raison suffisante pour qu'on me mît en non-activité !

Je n'échappai même pas à la surveillance que la police exerçait à cette époque avec tant d'intempérance, et m'en aperçus lorsque, profitant du calme que le retour de la paix et mon inactivité me procuraient, j'allai à Bourbonne-les-Bains soigner mes blessures.

J'y trouvai plusieurs officiers, MM. de Bourgoing, Maigneu, Louveau, les colonels Gellinet et O. de Beaumont, le général

---

pereur que « Belliard participe aux récompenses qui vont être distribuées à la Grande Armée ». Belliard est nommé chef d'état-major général de l'armée d'Espagne en novembre 1808, gouverneur de Madrid en 1809 ; il est chef d'état-major du corps de réserve de cavalerie en 1812, colonel-général des cuirassiers le 5 décembre de la même année, aide-major général de la Grande Armée le 19 juin 1813, premier inspecteur général des cuirassiers le 14 juillet 1814, chef d'état-major général de l'armée sous les ordres du duc de Berry le 16 mars 1815, commandant en chef les 3e et 4e divisions militaires le 9 juin 1815. A la rentrée du Roi, il est placé en non-activité. Disponible dans le cadre d'organisation de l'état-major général le 30 décembre 1818, il est remis en activité le 7 février 1831.

Ambassadeur de France en Belgique, le général Belliard mourut à Bruxelles le 28 janvier 1832. (Arch. Min. de la Guerre.)

Belliard (1), tous venus pour la même raison que moi. Le général Belliard venait de languir six mois dans un cachot. Il est certain que ces officiers ne se faisaient pas faute de se faire remarquer par l'énonciation de principes trop peu équivoques pour qu'on pût les compter parmi les serviteurs fidèles de la légitimité, et que les actes du Gouvernement n'étaient guère respectés dans leurs conversations. Je me mêlais souvent à eux pour discuter nos campagnes et non la politique. Il en fut pourtant jugé autrement, puisque je devins l'objet d'un rapport du ministre de la Police.

Le maréchal duc de Reggio, dont l'influence était prépondérante, parvint à m'éviter les désagréments devant résulter de ces dénonciations mensongères dont la police usait trop souvent et je repris, au mois d'août 1816, les fonctions d'inspecteur général d'infanterie.

En 1823, je reçus ma nomination de chef d'état-major général du 1ᵉʳ corps de l'armée des Pyrénées que commandait mon beau-père. C'était le couronnement de ma carrière; l'ordre du Saint-Esprit pour moi, la pairie héréditaire pour mon fils. Guille-minot (2) obtint tout cela !

---

(1) *Rapport de police.* — « Il est probable que, pendant l'interrègne, le général Belliard a correspondu directement avec l'usurpateur, car aucune lettre susceptible de remarque n'est parvenue au bureau de la Correspondance générale. Seulement, il a été tenu note de trois lettres qu'il a adressées au ministre de la Guerre, depuis le retour du Roi.

« Par la première, datée de Metz le 12 juillet, il fait sa soumission au Roi et il le prie d'engager Sa Majesté à conserver la cocarde tricolore.

« Par la seconde, datée de Metz le 18 du même mois, il exprime ses regrets sur ce que le Roi n'a pas voulu adopter les couleurs nationales (tricolores). A cette époque, le général Belliard n'avait pas encore cru devoir arborer le drapeau blanc.

« Par sa lettre du 23 du même mois, il annonce qu'il n'a pas cru devoir laisser remplacer les autorités de Metz nommées par Buonaparte, attendu qu'elles avaient la confiance publique. Cette mesure lui a été dictée par la prudence. » (Arch. Min. de la Guerre.)

(2) GUILLEMINOT (Armand-Charles, comte), né à Dunkerque le 2 mars 1774, servit d'abord en Belgique contre les Autrichiens, en 1790, puis sous les ordres de Dumouriez. Arrêté comme suspect, il ne fut réintégré dans son grade qu'en 1798, devint chef de bataillon, aide de camp de Moreau, se lia avec Pichegru, fut compromis, à tort, au moment de la conspiration de Cadoudal et placé pendant un an en traitement de réforme. Il fit, comme ingénieur géographe, la campagne de 1805, passa en Espagne en 1808, se fit remarquer à Medina del Rio-Secco par l'Empereur, qui le nomma général de brigade. Le 20 mars 1813, il reçut le grade de général de division. En 1815, Guilleminot fut choisi comme commissaire du Gouvernement provisoire afin de traiter avec les généraux étrangers et se rendit, avec

Malheureusement, ma femme perdit la raison à la suite de couches laborieuses ; le duc de Reggio me supplia de rester auprès d'elle. L'émotion de mon départ, les inquiétudes de la guerre devaient l'empêcher de se rétablir. Je cédai ; ma femme ne guérit jamais et je ne sais si j'ai eu tort ou raison.

Je ne l'ai jamais demandé à M. le Maréchal. Ma réserve à son égard était grande. Du reste, je ne lui ai jamais adressé qu'une réclamation : Il était président de la commission chargée de faire inscrire les noms des généraux de la République et de l'Empire sur l'arc de l'Étoile ; on avait négligé de mettre le mien, alors que ceux de tant d'autres, à peine militaires, s'y étalaient aux meilleures places (1).

LA DUCHESSE DE BERRY ET LA DUCHESSE DE REGGIO.

Nous apprîmes à Bar-le-Duc, en 1832, l'arrestation de Mme la duchesse de Berry et son internement à Blaye. Ce fut la cause d'un gros émoi parmi nous. Mme la duchesse de Reggio, qui avait été dame d'honneur de Madame, comprit que son devoir était d'être auprès de la Princesse dans ces tristes circonstances et je fus mêlé à ces négociations.

M. le maréchal Oudinot vivait dans la retraite depuis la Révolution de Juillet, mais il n'en était pas moins un des premiers personnages de l'État. Le désir de sa femme d'aller rejoindre la nièce de la Reine dans sa captivité lui semblait bien grave ; c'était une sévère leçon donnée à la *Tante*. Il redoutait de mécontenter par trop le pouvoir et de ne pas satisfaire la victime, qui se défiait de tout ce qui lui parvenait par l'intermédiaire du Gouvernement.

De son côté, Mme la duchesse de Reggio savait que sa place était à Blaye.

Mon beau-frère, le marquis Oudinot (2), habitait Paris et avait

MM. Bignon et de Bondy, à Saint-Cloud, auprès de Blücher, pour signer la suspension d'armes du 3 juillet. Il fut directeur du Dépôt de la Guerre en 1822. Après la campagne d'Espagne de 1823, il fut nommé pair de France et ambassadeur à Constantinople, où il resta jusqu'en 1831.

Le général Guilleminot mourut à Baden-Baden, le 14 mars 1840.

(1) Le nom de Latrille de Lorencez est inscrit sur l'Arc-de-Triomphe, côté sud.

(2) OUDINOT (Nicolas-Charles-Victor), né le 3 novembre 1791, à Bar-le-Duc, alors maréchal de camp, inspecteur général de l'École de cavalerie.

gardé des relations avec les Tuileries ; il obtint que la Reine ne trouvât pas mauvaise la démarche de la Maréchale, avec la certitude que le Gouvernement ne s'opposerait pas à son exécution, si elle était agréée (1).

Restait M. le Maréchal, qui ne voulait pas donner son consentement. C'est à moi qu'incomba la mission de lui présenter les choses sous un aspect favorable. L'habitude qu'il avait contractée pendant les nombreuses campagnes où j'étais son chef d'état-major général, de me laisser l'entière direction des troupes, sauf à en référer à son autorité dont il était fort jaloux, cette habitude, dis-je, me plaçait auprès de lui dans une situation propice ; il m'écoutait volontiers, et la bonne opinion qu'il avait de ma philosophie comme de ma raison le faisait se rendre à mes arguments. Le Maréchal fut décidé par la certitude qu'il avait que la Princesse refuserait l'offre de la Maréchale. C'est ce qui arriva.

La Cour ne pouvait savoir mauvais gré à la duchesse de Reggio d'avoir fait son devoir, et Son Altesse Royale remercia très chaleureusement sa dame d'honneur en lui défendant de venir la rejoindre.

J'ai dit que le marquis Oudinot servait d'intermédiaire entre Jean-d'Heurs et Blaye. J'eus avec lui et avec ma belle-sœur une correspondance plutôt aigre, dont j'extrais ces deux lettres qui trouvent ici leur place ; elles montrent que la politique est

---

(1) Voici la lettre que la duchesse de Reggio écrivit à Mᵐᵉ la duchesse de Berry :

« Madame, depuis la nouvelle de votre arrestation, je n'ai qu'une pensée, celle de partager votre captivité ; je l'aurais essayé de suite, si l'on ne m'avait fait observer qu'avant tout, le consentement de Votre Altesse Royale m'était nécessaire ; je l'attends de vos anciennes bontés pour moi.

« J'ai l'honneur d'être, etc.   Jean-d'Heurs, le 11 novembre 1832. »

La réponse de Madame arriva à Jean-d'Heurs par les soins du maréchal Soult, président du Conseil :

          « Du château de Blaye, ce 23 novembre 1832.

« Vous ne pouvez douter, ma chère Duchesse, combien j'ai été touchée de votre lettre, qui m'a été transmise par une bien parfaite du marquis Oudinot, que je vous prie de remercier de ma part. Je n'accepte point ce que vous m'offrez : le sacrifice serait trop grand. Je sais combien votre famille a besoin de vos soins et je ne me pardonnerais pas de l'en priver. Je serais fort aise d'avoir de vos nouvelles et de vos enfants.

« Ne doutez pas, ma chère Duchesse, de ma reconnaissance et de mon amitié.

« Ma santé n'est pas bonne, mais j'ai du courage et de la patience.

                    « MARIE-CAROLINE. »

presque toujours une cause de dissentiments, même dans les familles les plus unies, et que la quiétude de la nôtre fut aussi troublée par les événements qui nous préoccupaient :

« Vous revenez impitoyablement, mon cher Victor, sur la sécheresse reprochée aux lettres de la Duchesse; on s'est trompé, peut-être, mais on a pensé que c'était leur passeport. Assurément, le sentiment débordait; on s'est fait violence pour le comprimer; on a craint qu'exprimé trop vivement, il ne prît le caractère du reproche. La pensée de s'adresser au Ministère s'est offerte la première. C'était la voie légale, mais elle exposait aux lenteurs et n'aurait pas, dans tous les cas, dispensé de recourir à l'intervention de la *Tante* (1). Le succès était à ce prix.

« On a été droit à elle pour abréger, et l'événement a prouvé que l'on avait bien fait. On l'a mise ainsi dans l'impuissance de refuser. Quant à l'approbation, sincère ou non, elle était dans son rôle (2).

« La captive pouvait reculer devant l'idée de lui avoir cette obligation! Je serais fâché de la savoir assez sotte pour croire sa reconnaissance fort engagée par un acte de condescendance commandé par la situation. Si, comme vous semblez l'appré-

---

(1) La reine Marie-Amélie.

(2) La duchesse de Reggio pria la Reine de daigner faire parvenir à Blaye la lettre que nous avons reproduite et lui écrivit :

« Madame,

« Je viens solliciter de votre bonté une grande faveur à laquelle j'attache le plus grand prix : c'est de vouloir bien lire et faire arriver à Madame, duchesse de Berry, la lettre ci-jointe, et, si l'offre est acceptée, j'aurai encore à demander à Votre Majesté son secours pour que les portes de la prison me soient ouvertes.

« Si ma demande est téméraire, je vous conjure de me la pardonner; mais, dans la circonstance, je n'ai pu avoir d'autre pensée que celle de m'adresser à Votre Majesté dont je connais les bontés pour moi.

« Persuadée, d'ailleurs, qu'on ne verra rien de politique dans ma démarche, je sens, à la confiance qui m'anime, que je n'aurai pas à me repentir de mon inspiration.

« J'ai l'honneur, etc.

« Jean-d'Heurs, le 11 novembre 1832. »

« Je remis ces deux lettres sous le couvert du général Oudinot, dit la Maréchale dans ses *Souvenirs*, en le priant d'obtenir de suite une audience de la Reine, ce qui lui fut immédiatement accordé. Il trouva cette princesse en pleurs. « Je « comptais, lui dit-elle, sur la démarche de votre belle-mère, et tout ce que je « souhaite, c'est qu'elle arrive près de ma nièce. La chose ne dépend pas unique- « ment de moi; il faut qu'elle passe au Conseil des ministres; comptez sur mes « vœux et ma bonne volonté. »

hender, la susceptibilité de Madame allait jusqu'à lui faire suspecter la personne qui se dévoue, nous serions quittes, dans ce cas. En un mot, pour parvenir à elle, un sauf-conduit de ses ennemis était nécessaire. S'y est-on bien ou mal pris pour l'obtenir? C'est là toute la question.

« Quoi! une femme, dont la présence fait le bonheur intérieur d'une famille entière, consent à se séparer de son mari, de ses enfants, de ses amis, à renoncer à ses habitudes, à sa liberté, enfin à tout ce qui donne quelque prix à cette passagère existence, et des épilogueurs viendront la chicaner sur les termes? On épiera sa contenance et on trouvera peut-être que, comme le gladiateur mourant, elle ne tombe pas sous le glaive avec assez de grâce! Allons donc!

« Vous ne pensez pas, j'espère, mon cher frère, qu'en justifiant la rédaction de ces lettres, je défende mon propre ouvrage. J'ai approuvé; voilà tout. Et, sans prétendre qu'on n'eût pas pu mieux faire, vous aurez au moins la bonté de me croire lorsque j'affirme que l'on a pensé faire pour le mieux.

« Par ma foi, voilà une polémique bien fatigante et sur laquelle j'espère bien n'avoir plus à revenir! Je maudis, de toute mon âme, ce verbiage écrit et qui ne résout rien. Il y a des points délicats sur lesquels on glisse et qui, quoique sous-entendus, disparaissent dans la discussion que pourtant ils dominent. C'est pourquoi un quart d'heure d'entretien l'avancerait davantage que vingt pages de grimoire.

« Un mot seulement : croyez-vous que l'impression produite par quelques anomalies qui ont marqué dans nos antécédents soit facilement effacée et sans influence sur notre conduite à venir?

« Autre question : Si, dans les chances que le temps tient en réserve, il arrivait que *quelqu'un* fût appelé à siéger parmi les juges... pensez-vous que ce quelqu'un osât se récuser ouvertement? Et, s'il y manquait, que deviendrait alors tout cet échafaudage?

« Croyez-moi, mon cher ami, proportionnons le fardeau aux forces de celui qui doit le porter.

« Si vous nous faites prendre un vol trop élevé, vous aurez beau, comme Dédale, enduire nos ailes de cire, elle fondra au soleil, et..., de peur des huées, soyons assez sages pour ne pas courir après quelques battements de mains. »

« Ma chère Sœur (1),

« Une lettre de Victor que je reçois ce matin, à la date de dimanche, en réponse à une mienne de vendredi, me fait craindre de l'avoir fâché. Eh! mon Dieu, il n'est sûrement pas le seul auquel, dans cette grave occurrence, j'aurai eu le malheur de déplaire.

« Sans être *juste milieu*, ce qu'à Dieu ne plaise, j'avoue que, dans la circonstance, mon rôle m'y assimile un peu et j'ai aussitôt compris qu'il ne me réussirait pas mieux qu'à lui.

« Du reste, voici une lettre qui m'arrive de Jean-d'Heurs et qui m'y appelle pour demain. Mme la Duchesse paraît décidée à partir pour Blaye, à moins que le courrier de cette nuit ne lui fournisse des motifs pour modifier cette résolution. Il s'agit de décider le maréchal Oudinot à y consentir et je m'y emploierai de mon mieux. Mais, en supposant ce point emporté, un passeport est de rigueur, car, voyager à l'aventure, chercher à s'introduire furtivement dans le lieu qui recèle l'Auguste Prisonnière, ou même en approcher, cela tournerait mal.

« Or, savez-vous ce que l'on dirait alors? Que nous avons prétendu aux honneurs du dévouement sans en accepter les charges, et que cette entreprise n'a été tentée qu'avec la certitude d'échouer.

« Si notre préfet nous accorde ce passeport, à la bonne heure! Mais si, ce qui est plus probable, il n'ose le délivrer sans en référer aux ministres, il faudra s'adresser à ceux-ci pour aplanir l'obstacle.

« Au surplus, tout cela sera promptement éclairci et vous serez tenue au courant.

« Notre pauvre duchesse est dans un état qui vous ferait pitié... »

Quoi de plus aventureux, de plus chevaleresque que de courir à Blaye, ainsi que la Maréchale en fit d'abord le projet!

---

(1) Eulalie-Jeanne-Louise-Célina *Minguet*, mariée, le 24 mars 1820, à Victor Oudinot.

Mettons sa conduite en parallèle avec celle de M. de Chateaubriand, par exemple; adressons-nous à un juge éclairé et impartial. Il prononcera sur-le-champ que ce dernier a cherché le bruit, qui fut toute sa vie, et que la duchesse de Reggio n'a cherché que le succès.

Qu'un cosmopolite comme M. de Chateaubriand aille jusqu'à la bravade, il le peut. C'est dans sa nature; mais une maréchale de France ne vise pas à l'éclat.

Le général de Lorencez termine son manuscrit par cette sanglante appréciation sur M. de Chateaubriand. Fidèle à la règle que nous nous sommes tracée de présenter ce manuscrit dans son absolue intégralité, nous n'avons pas cru devoir atténuer les termes sévères de cette dernière phrase.

M. de Chateaubriand était à Genève lorsqu'il connut les événements de Nantes; il écrivit aussitôt, sous le couvert du ministre de la Justice, à Madame, pour réclamer l'honneur d'être reçu par elle et d'être désigné comme son défenseur :

Genève, 12 novembre 1832.

Madame,

Vous me trouverez bien téméraire de venir vous importuner dans ce moment, pour vous supplier de m'accorder une grâce, dernière ambition de ma vie. Je désirerais ardemment être choisi par vous au nombre de vos défenseurs. Je n'ai aucun titre personnel à la haute faveur que je sollicite auprès de vos grandeurs nouvelles, mais j'ose la demander en mémoire d'un prince dont vous daignâtes me nommer l'historien. Je l'espère encore comme le prix du sang de ma famille : mon frère eut la gloire de mourir avec son illustre aïeul, M. de Malesherbes, défenseur de Louis XVI, le même jour, à la même heure, pour la même cause et sur le même échafaud.

Je suis avec un profond respect, etc.

Le maréchal Soult, président du Conseil, fit savoir « qu'il éprouvait le regret d'être dans la nécessité de répondre que le Gouvernement ne jugeait pas qu'il y ait lieu d'accéder à ces demandes ».

M. de Chateaubriand envoya alors à « MM. les rédacteurs en chef des journaux » une *circulaire* dans laquelle il résumait ses lettres et les réponses qu'elles avaient provoquées.

« La décision du ministre, dit-il, met un terme à mes démarches auprès des autorités..... Ecarté officiellement, je rentre dans mon droit privé..... Je n'ai pas quitté le lieu de mon exil pour me taire devant les portes de Blaye, parce qu'on refuse de me les ouvrir..... Défenseur *officiel*, j'aurais été dans une position plus élevée; défenseur officieux, je suis plus libre, je puis tout dire..... » Et, dès le 24 décembre 1832, il fait paraître son « Mémoire sur la captivité de Mme la duchesse de Berry ».

Nous pensons que la publicité donnée à une démarche qui pouvait être si noble, si touchante par sa discrétion, provoqua le jugement du général de Lorencez.

P. DE BOURGOING.

ÉTAT DES SERVICES

DU COMTE DE LORENCEZ (GUILLAUME-LATRILLE) (1)

Fils de Jean et de Marie Lacrampe, né le 21 avril 1772, à Pau (Basses-Pyrénées), marié le 21 septembre 1811 à demoiselle Nicolette Oudinot de Reggio, décédé à Bar-le-Duc, le 1er octobre 1855.

Enrôlé au 2e bataillon de volontaires nationaux des Basses-Pyrénées, le 12 décembre 1791.

Sergent, le 26 décembre 1791.

Adjudant sous-officier, le 1er août 1792.

Sous-lieutenant, le 6 novembre 1792.

Adjudant-major, le 1er septembre 1793.

Adjudant-major à la suite de la 39e demi-brigade d'infanterie de ligne lors de sa formation, le 21 octobre 1793. (Cette demi-brigade a été incorporée dans la 14e demi-brigade de ligne, le 12 mars 1796.)

Capitaine à la 8e compagnie, le 30 germinal an II (19 avril 1794).

Employé à l'état-major de la division Augereau comme adjoint (a fait, en cette qualité, les campagnes de 1794, 1795, 1796 et 1797).

Chef de bataillon adjoint aux adjudants généraux, attaché à la 51e demi-brigade d'infanterie de ligne (division Augereau), le 12 septembre 1797.

Aide de camp du général Augereau, commandant en chef l'armée d'Allemagne, le 23 septembre 1797.

(Cette armée supprimée le 29 janvier 1798, le général Augereau fut nommé au commandement de la 10e division militaire à Perpignan.)

En non-activité, le 3 prairial an VII (22 mai 1799).

Nommé membre du premier conseil de guerre de la 10e division militaire, à Perpignan, le 10 prairial an VII (29 mai 1799).

Nommé adjudant général, le 26 thermidor an VII (13 août 1799).

Disponible.

---

(1) D'après les archives du ministère de la Guerre.

Désigné pour être employé à l'armée du Rhin, le 16 août suivant. (Ne paraît pas avoir rejoint ce poste.)

Employé à Angers, sous les ordres du général Hédouville (armée d'Angleterre), à la fin de l'an VII (septembre 1799).

Employé à l'armée française en Batavie, commandée par le général Augereau, le 9 nivôse an VIII (30 décembre 1799).

(Était demandé par le général Moreau pour l'armée du Rhin et par le général Augereau pour l'armée de Batavie.)

Nommé chef de la 29ᵉ demi-brigade d'infanterie légère, le 24 brumaire an IX (15 novembre 1800).

(N'a pas accepté pour raison de santé.)

Admis à jouir du traitement de réforme affecté à son grade, par arrêté du 7 nivôse an IX (28 décembre 1800).

Démissionnaire, le 5 janvier 1803 (se retire à Paris).

Nommé adjudant commandant, disponible, le 17 mai 1804.

Employé, à la demande du maréchal Augereau, au camp de Brest, le 13 thermidor an XII (1ᵉʳ août 1804).

Colonel du 46ᵉ régiment d'infanterie de ligne, le 12 pluviôse an XIII (1ᵉʳ février 1805).

Général de brigade, le 10 février 1807.

Commandant une brigade de la 1ʳᵉ division d'infanterie (Saint-Hilaire) du 4ᵉ corps de la Grande Armée, le 1ᵉʳ mars 1807.

(Ce corps est devenu 4ᵉ de l'armée du Rhin.)

Employé à la 3ᵉ division d'infanterie (Saint-Hilaire) du 2ᵉ corps de l'armée d'Allemagne, mai 1809.

Chef d'état-major général de ce corps d'armée, le 15 juillet 1809. (Remplit ces fonctions à partir du 7 juillet.)

Disponible par suite de la suppression de l'armée d'Allemagne.

Désigné pour être employé à l'armée de Catalogne, le 14 avril 1810.

Employé à la division Frère, juin 1810.

Suit cette division à l'armée d'Aragon.

Chef d'état-major du commandement des camps des 17ᵉ et 31ᵉ divisions militaires (Utrecht et Aost-Frise), le 15 août 1811 (Oudinot).

Chef d'état-major général du 2ᵉ corps d'observation de l'Elbe (Oudinot), 15 janvier 1812.

(Ce corps est devenu 2ᵉ de la Grande Armée.)

A obtenu un congé de convalescence, le 29 janvier 1813.

Général de division, le 13 mars 1813.

Désigné pour prendre le commandement de la 3ᵉ division d'infanterie du 4ᵉ corps de la Grande Armée (général Bertrand), le 17 mars 1813.

Employé au 12ᵉ corps de la Grande Armée (Oudinot), le 24 avril 1813.

A obtenu un congé de convalescence de six mois, le 9 juillet 1813.

Commandant la 14ᵉ division militaire (Cherbourg), le 20 janvier 1814.

Remplacé dans ce commandement, le 20 mai 1814.

Inspecteur général d'infanterie, le 29 mai 1814.

Chargé de l'organisation et du commandement des gardes nationales de la 3ᵉ division militaire (Metz), le 14 avril 1815.

Mis en non-activité, juillet 1815.

Inspecteur général d'infanterie, le 18 août 1816.

Compris, en cette qualité, dans le cadre d'activité de l'état-major général de l'armée, le 30 décembre 1818.

Disponible, le 1er janvier 1827.

Compris comme disponible dans le cadre d'activité de l'état-major général de l'armée, le 7 février 1831.

Mis en non-activité, le 21 avril 1837.

Retraité par arrêté du 8 juin 1848.

Relevé de la retraite et admis dans la section de réserve, le 1er janvier 1853.

Décédé à Bar-le-Duc, le 1er octobre 1855.

CAMPAGNES.

1793, 1794, 1795 (à la paix), armée des Pyrénées-Orientales.

1795, 1796, 1797 (partie), armée d'Italie.

1797, 1798, armée d'Allemagne.

1799, armée d'Angleterre.

1799, 1800, armée gallo-batave.

1804, camp de Brest.

1805 (jusqu'en août), camp de Saint-Omer.

Vendémiaire an XIV, 1805, 1806 et 1807, Grande Armée.

1810 et 1811, Espagne.

1812, Russie.

1813, Saxe.

BLESSURES.

Coup de feu au-dessous de la mamelle droite, le 26 avril 1793, au combat de Blanc-Pignon.

Coup de feu au-dessous de l'oreille droite, le 10 juin 1807, au combat de Heilsberg.

Blessé par une balle à la cuisse, le 6 juillet 1809, à la bataille de Wagram.

Blessé à la jambe par un coup de mitraille, le 18 juin 1811, dans la tranchée devant Tarragone.

Coup de feu à la cuisse droite et coup de boulet, qui lui a fracturé l'os fémoral de la cuisse gauche, le 21 mai 1813, à la bataille de Würschen.

DÉCORATIONS.

Officier de la Légion d'honneur, le 25 prairial an XII (14 juin 1804).

Commandeur de la Légion d'honneur, le 4 nivôse an XIV (25 décembre 1805).

Grand-officier de la Légion d'honneur, le 24 août 1814.

Chevalier de Saint-Louis, le 6 mai 1814.

Commandeur de Saint-Louis, le 1er mai 1821.

TITRES.

Baron de l'Empire (lettres patentes du 29 juin 1813).

Comte de l'Empire, le 11 septembre 1813.

DOTATIONS.

10,000 francs de rente sur la Westphalie, décret du 17 mars 1808.

10,000 francs de rente sur la Westphalie, décret du 15 août 1809.

6,000 francs de rente sur les départements de l'Arno et de Marengo, par décret du 1er janvier 1812.

Réflexions sur un projet d'administration spéciale pour la Garde Royale.

Au mois de janvier 1816, le ministre de la Guerre forma une commission qu'il chargea d'examiner un projet d'administration spéciale pour la Garde Royale, accompagné d'un mémoire fort bien fait.

Cette commission fut composée de M. le comte de Villemanzy, président, des lieutenants généraux Despinoy, de Lagrange et de Lorencez, de l'inspecteur aux revues Sicard.

Le but du projet était de rendre l'administration de la Garde indépendante et de la placer entre les mains des ordonnateurs et inspecteurs aux revues, sous la surveillance d'un conseil où ils s'attribuaient voix délibérative. Solde, armement, subsistances, hôpitaux, habillement, remontes, tout enfin, fut rentré, sans contrôle, dans les attributions de ce conseil.

Le trésorier devait être choisi parmi les banquiers de la capitale jouissant d'un grand crédit personnel. Des directeurs d'hôpitaux, gardes-magasins et autres employés devaient, pour obtenir plus de considération qu'ils n'en jouissaient, considération qui n'est vraiment pas grande, être pourvus de grades militaires; non seulement ils devaient être assimilés à ces grades pour le rang et l'autorité, mais ils devaient en porter les marques distinctives, épaulettes, etc.

L'éternel objet de l'ambition des administrateurs fut, en effet, toujours de porter l'épaulette; ils ne la demandaient pas, dans les circonstances présentes, mais pourquoi la leur aurait-on refusée lorsque leurs subalternes l'auraient obtenue et..., s'il faut le dire, profanée?

Un ordonnateur passait pour être l'auteur du projet et il était facile de le reconnaître. Il était d'ailleurs rempli de vues utiles, présentées avec beaucoup d'art; il séduisit un illustre maréchal (1) qui le présenta lui-même au ministre.

---

(1) Le maréchal duc de Bellune.

La commission se réunit une première fois, le 24 janvier. Cette séance se borna à la lecture du projet, mais le président posa, après une courte délibération, les questions suivantes, et la commission s'ajourna au surlendemain.

1re question : Le 3e paragraphe de l'ordonnance du Roi du 1er septembre 1815 s'explique ainsi : « Les régiments de notre Garde Royale ne suivront, pour le service intérieur, l'instruction, l'administration et comptabilité, d'autres règlements que ceux qui sont ou seront en usage dans nos troupes de ligne. »

Cette disposition sera-t-elle maintenue?

2e question : La Garde aura-t-elle une administration spéciale?

3e question : L'administration de la Garde Royale formera-t-elle deux sections, dont l'une lui serait spéciale et dont l'autre serait commune avec la ligne?

Voici comment j'exprimai mon opinion à la première séance: Si les lois administratives qui nous régissent sont bonnes, elles conviennent aussi bien à la Garde Royale qu'à la ligne. Si elles sont susceptibles d'amélioration, il est juste, et dans l'intérêt du Roi, que son armée profite de ces améliorations au même titre que sa Garde. Je regarde donc l'article ci-contre comme également juste et sage, et j'opine pour qu'il soit rigoureusement maintenu, ce qui me dispense de répondre aux deux autres questions.

Après avoir donné mon avis sur les questions que la commission a posées à la fin de sa première séance, je demanderai la permission de lui soumettre quelques réflexions sur le projet dont le ministre lui a confié l'examen. Je ne me propose pas de réfuter ce projet pied à pied, car ce n'est pas sur une première lecture qu'il m'a été possible d'en saisir tous les détails. Je me bornerai à des considérations générales sur l'ensemble et les bases fondamentales du système proposé et, si je parviens à prouver que ces bases sont sérieuses, il est clair que le reste tombe de lui-même.

Je dirai d'abord que, lors même que l'on consentirait à donner à la Garde Royale un régime administratif autre que celui en usage dans la ligne, la commission centrale dont on propose la formation serait inadmissible.

Sa composition aurait pour premier vice de confondre des éléments incompatibles, puisque les fonctionnaires auxquels la loi attribue la surveillance des comptables changeraient de rôle et deviendraient comptables à leur tour, ce qui est une monstruosité en administration. J'ajouterai que si MM. les maréchaux majors généraux ont le droit incontestable de surveiller l'administration, d'en exiger des comptes et de la ramener à la règle, aussi bien que les autres parties du service, il est tout aussi certain qu'il ne convient pas d'avoir des comptables de ce rang. Une telle responsabilité leur deviendrait probablement à charge et, s'il faut le dire, illusoire. Ceci, à quelques nuances près, peut également s'appliquer aux lieutenants généraux auxquels la loi de formation attribue les fonctions d'inspecteur.

Pour motiver une conception aussi bizarre, les auteurs du mémoire font valoir la nécessité de centraliser l'administration.

Sans nous attacher à examiner si ce motif n'est pas plus spécieux que solide, et s'il n'est pas mis en avant pour donner le change sur d'autres vues, nous nous bornerons à observer que cette centralisation, invoquée comme une chose nouvelle, existe déjà au ministère de la Guerre, et qu'elle ne saurait se trouver ailleurs, à moins d'avoir pour effet de compliquer tout le système administratif, au lieu de le simplifier.

On objecte encore que l'administration d'un seul corps, ressortissant à plusieurs divisions de ce ministère, il en résulte défaut d'ensemble et lenteur dans l'expédition des affaires; mais l'objection tombe à faux, car personne n'ignore que c'est précisément dans un but opposé, c'est-à-dire pour classer le travail et le rendre plus prompt, plus facile, que ces divisions ont été imaginées et non pour rompre l'unité qui n'en subsiste pas moins.

On a abusé de cela comme on abuse de tout; je veux dire par là que les solliciteurs courent aux chefs de division comme à autant de ministres particuliers; l'abus cessera lorsque les ordres du ministre qui interdisent la circulation dans les bureaux à une foule d'intrigants et d'oisifs qui fatiguent la patience des employés, leur dérobent un temps précieux, ne seront, enfin, plus éludés.

Ce n'est du reste pas la première fois que l'on se plaint des lenteurs qu'il n'est guère possible d'éviter dans une administration aussi vaste; nous croyons que l'impatience des demandes a rendu ces plaintes exagérées. Il est, n'en doutons pas, des lenteurs utiles et des formes tutélaires qu'il importe de savoir respecter : les reproches seraient bien autrement violents et probablement mieux fondés si, dans la plupart des cas, on statuait à la légère, sans examen, sans maturité.

Il suffit, du reste, de la moindre réflexion pour comprendre que, lorsqu'on veut dégoûter d'une chose établie, afin de lui en substituer une autre de son choix, il n'est pas difficile de tout entraver, de faire envisager comme insurmontables les difficultés les plus aisées à vaincre, en un mot, d'accuser les choses des erreurs, des délais, des inconvénients qui n'ont leur origine que dans la volonté des individus.

Imaginons la machine la plus parfaite; elle cessera de paraître telle dès l'instant où la main destinée à en diriger le moteur le fera agir en sens inverse du but du mécanicien.

Je suis loin de prétendre, assurément, que notre législation administrative soit exempte de toute imperfection; mais on me persuadrait difficilement qu'un ordre de choses, au moyen duquel on a plusieurs fois réussi à créer et à faire mouvoir si subitement des armées innombrables, dans les circonstances les plus difficiles, ne puisse suffire dans des moments de calme et pour de bien moindres besoins.

La nomination d'un trésorier général nous paraît tout aussi peu nécessaire que le reste : le trésor royal a tout autant d'argent qu'il lui en faut pour suffire aux besoins du service. On nous vante l'avantage qu'il y aurait pour la Garde Royale à ce que ce trésorier fût un régent de la Banque de France, ce qui lui créerait un immense crédit.

A cela, je n'opposerai que cette question : « Est-il convenable, est-il politique qu'un corps armé, appartenant aussi intimement à l'Etat, dispose d'un crédit indépendant de celui de l'Etat? »

Pour ce qui est de la nomination de deux secrétaires ayant rang de colonel, et de gardes-magasins ayant celui de capitaine, je ne penserais pas qu'il fût nécessaire de combattre une idée aussi bizarre, si elle ne me semblait tenir à cette manie de tout confondre, qui a été à la fois une des causes et l'un des plus funestes effets de nos erreurs révolutionnaires. Il faut donc que la commission me permette encore quelques observations sur un sujet plus grave qu'il ne semble l'être au premier abord :

Chacun de nous, Messieurs, sait que, dans les premiers temps de la guerre qui vient de finir, les employés de l'administration militaire jouissaient d'un degré d'estime dont un honnête homme pouvait se contenter; il est vrai que ce sentiment s'affaiblit insensiblement et que, vers ces derniers temps, ces employés étaient tombés dans une sorte d'abjection (1).

Que ce fût par la nature de leurs fonctions ou par leur manière de les exercer qu'ils aient déchu de la sorte dans l'opinion, c'est ce que je ne déciderai pas; j'avouerai seulement que je suis pour le dicton militaire qui dit qu'il n'y a pas de *sot métier*.

Je dirais volontiers à ces messieurs : « Si vous voulez être honorés, ce n'est pas en usurpant les distinctions qui sont le prix d'autres services que ceux que vous êtes appelés à rendre; c'est en persévérant dans le chemin de l'honneur et de la probité que vous y parviendrez. La richesse est la récompense du travail; l'estime, celle de la probité; la

---

(1) Les soldats, qui ont toujours un sobriquet pour les gens qu'ils haïssent ou méprisent, les appelaient : *les Riz-Pain-Sel*. (Note du général de Lorencez.)

considération et les honneurs publics sont le prix de vertus d'un autre ordre. En bonne règle, chacun devrait être satisfait de son lot; lorsque le contraire arrive, et lorsque chacun veut sortir de sa sphère, il y a trouble et désordre dans l'État. »

On voudrait rendre quelque lustre à une profession discréditée et l'on pense y réussir en ceignant l'épée aux hommes qui l'exercent et en leur appliquant des épaulettes ! Je soutiens, moi, qu'on les chamarrerait de tous les ordres de chevalerie sans que, pour cela, ils en fussent tenus pour plus respectables. La considération ne se donne pas; elle s'acquiert; la puissance souveraine, elle-même, échouerait dans cette entreprise.

Il fut un temps où le génie fiscal, spéculant sur les vanités humaines, avait imaginé de vendre une foule de charges qui devaient avoir pour effet de conférer la noblesse. Soins inutiles ! L'opinion se souleva, et le peuple, dans son simple bon sens et sa grossière énergie, s'obstina à flétrir ces brevets de parchemin, payés en beaux deniers, par la dénomination de *Savonnettes à vilain*.

Souvenons-nous qu'il n'y a jamais eu, qu'il n'y aura jamais que trois sources d'illustration : les services rendus dans les armées, la magistrature et la haute administration. Le public, juste appréciateur des choses de convenances, approuvera que les descendants d'un Colbert, fils d'un marchand de Reims, d'un Chevert, soldat de fortune, soient réputés aussi nobles que les Rohan et les Montmorency; mais il ne croira pas, même après vingt générations, que la noblesse soit entrée dans la famille d'un conseiller du Roi, *Langueyeur de porc* ou *Mesureur de charbon*.

On aurait donc beau faire, ce n'est pas en confondant les rangs, en dénaturant l'essence des choses, qu'on parviendrait à assimiler ce que l'opinion a fait dissemblable.

Du reste, plus on y réfléchit, plus on demeure convaincu que ce projet à tant de branches n'a pu être conçu par MM. les maréchaux majors généraux de la Garde Royale; sans doute, ils ont pu sourire à l'idée d'une administration indépendante, surtout lorsqu'on leur aura fait entrevoir qu'il en résulterait le double avantage d'une grande économie pour le Roi et d'un surcroît de bien-être pour la troupe; mais l'ensemble de ce plan, où des vues utiles servent à couvrir des prétentions exagérées et des innovations dangereuses, décèle la main de cette classe d'administrateurs que l'état de paix réduit à une sorte de nullité, qui voudraient en sortir, se rendre nécessaires et qui, lorsqu'il n'y a ni magasins, ni manutentions, ni confections, ni marchés à passer, n'ont, en effet, qu'une bien médiocre influence. Celle que MM. les maréchaux exerceraient dans un système aussi compliqué serait illusoire ; elle passerait tout entière aux faiseurs, et ces illustres chefs de l'armée ne seraient là que pour protéger par leurs noms des prévarications peut-être, et pour en rendre la recherche et la répression plus difficiles, pour ne pas dire impossibles.

Je conclus donc :

1º A ce que le 3e paragraphe de l'ordonnance du Roi du 1er septembre 1815 soit maintenu dans toutes ses dispositions ;

2º Qu'il n'y ait lieu à délibérer sur le surplus du projet de règlement présenté à l'examen de la commission.

———

SÉANCE DU 1er FÉVRIER 1816

MESSIEURS,

Le projet de règlement soumis à votre examen a trouvé des défenseurs dans le sein de la commission. On a dit que ce qui semblerait rendre convenable un régime administratif particulier pour la Garde Royale, c'est qu'elle est un corps privilégié. Je puis me tromper, mais je crois qu'elle n'est qu'un corps d'élite.

Je ne sais du reste pas sur quoi on a jugé que nous nous effarouchions du mot privilège ; rien n'est moins exact.

Je suis disposé à penser que la plupart des hommes aiment assez les privilèges pour eux-mêmes, sans en être mieux disposés, pour cela, à les souffrir chez autrui.

Quoi qu'il en soit, un bon serviteur du Roi ne lui conseillera jamais d'en accorder de trop étendus, car il pourrait arriver que si le premier mouvement est tout de reconnaissance, la seconde pensée de ceux qui les auraient reçus fût de rechercher les moyens de les défendre, même contre l'autorité qui les en aurait investis.

On sait assez ce qui est arrivé dans les premiers temps de la Monarchie ; les délégués que nos Rois avaient établis dans les Provinces, à différents titres, trouvèrent le moyen de se rendre indépendants, inamovibles, de temporaires et amovibles qu'ils étaient.

Il n'a pas fallu moins de huit siècles et enfin le ministère d'un Richelieu pour amener les choses au point où Louis XIV nous les avait laissées.

Quand on confère des distinctions et des honneurs, on sait précisément ce qu'on donne (1) ; mais lorsqu'on y associe la puissance, c'est une autre affaire, et il est rare qu'on ne se prépare pas des regrets.

C'est ainsi que, dans l'esprit du gouvernement monarchique, si les

———

(1) Je savais bien que ceci était une réminiscence, mais je ne me rappelais à qui j'avais emprunté cette pensée. Je l'ai retrouvée plus tard dans Montesquieu : *Grandeur et décadence des Romains*, chap. XI. (Note du général de Lorencez.)

Princes du sang, par exemple, sont environnés de tout l'éclat qui convient à de si hautes destinées, on n'a garde de les appeler au ministère et rarement à de grands commandements. C'est que, plus les individus ont, si l'on peut s'exprimer ainsi, de grandeur intrinsèque, plus leur influence en matière de gouvernement doit être relativement petite.

On a pu croire que, sans trop d'inconvénients, un colonel pouvait être à la fois le seul chef et le seul administrateur de son régiment, et c'est bien sagement qu'on s'est arrêté là. J'ai été huit ans colonel et je ne me souviens pas d'avoir jamais éprouvé l'apparence d'une opposition, lorsque je proposais quelque mesure au Conseil d'administration.

On assure que César rendait tout seul des décrets au nom du Sénat romain ; j'ai connu plus d'un colonel qui faisait consigner des délibérations et des arrêtés sur les registres et les envoyait ensuite individuellement aux membres du Conseil qui, tout responsables que la loi les a faits, n'en signaient pas moins, comme on dit, les yeux fermés.

Appliquez une telle influence à des masses plus considérables et à de plus grands objets, et tirez les conséquences.

On s'est donc montré prudent et habile lorsqu'on a réglé que ce même colonel perdrait de son pouvoir en parvenant à un grade plus élevé. Dès l'instant où il devient officier général, il n'a plus sur le régime intérieur et sur l'administration des corps qu'une surveillance de pure police dont il a peu d'occasion de faire usage et qui ne tire point à conséquence.

On lui compose une brigade ou une division de plusieurs régiments, et rarement on lui laisse longtemps les mêmes. Il en est peu qui ne se soient plaints de ces sortes de permutations et il semblerait utile, en effet, de ne conduire à la guerre que des troupes qu'on connût bien et dont on fût réciproquement bien connu ; mais cet avantage a dû être sacrifié aux vues d'une politique plus prévoyante.

Je persiste donc à dire qu'il ne peut y avoir, sans danger, unité de commandement ni administration pour la Garde Royale ; que si les utiles décisions pour la ligne n'existaient pas, ce serait plus spécialement pour ce corps qu'il faudrait les créer ; qu'autrement, la monarchie, la succession au trône, le sort de l'État seraient à sa disposition.

Pour moi, je ne veux, s'il se peut, ni janissaires, ni strélitz, ni prétoriens, non que je sois l'ennemi des privilèges, tant s'en faut. Je désire, au contraire, que la Garde Royale en obtienne, et de si grands, qu'y parvenir soit le but et le terme de l'ambition de tous les hommes de l'armée.

Comblez-la d'honneurs, j'y consens ; et, si elle se montre digne de sa noble destination, elle n'en recevra jamais trop, à mon gré. Seulement, je le répète, distinguez les honneurs de la puissance ; dispensez celle-ci avec sobriété, ou plutôt laissez-la retourner à sa véritable source qui est le Trône.

VERSAILLES. — IMPRIMERIE AUBERT

6, avenue de Sceaux.

www.ingramcontent.com/pod-product-compliance
Lightning Source LLC
LaVergne TN
LVHW021730170726
843503LV00004B/1491